ANTOLOGÍA DEL AGUA

Enán Burgos

ISBN: 979-10-93053-09-7

Para Amparo,
¡Qué dulce fue su agua!

INDICE

*"¡Arroyo, flauta, debajo
de las frondas, cuando el aura
abre claros horizontes
entre el verdor de las ramas!"*

La flauta y el arroyo, Juan Ramón Jiménez.

NOTAS DEL AUTOR

Guiado por el fuego, su enemigo, he constituido esta antología dedicada al agua, el más fecundo elemento de la creación. Esencial a la vida en algunos confines de nuestra pisoteada tierra, empieza a escasear, lo que deja presagiar épocas horrendas. La poesía es tal vez uno de los mejores canales para invocarla, purificarla y hacerla brotar. Símbolo de la dificultad y del peligro, designa el nacimiento de las criaturas puras o iniciadas. Bendita, caza demonios permitiéndole al alma regenerarse; caída del cielo simboliza la sublime fecundidad. Cierto es que en nuestra época, muchos artistas y poetas reivindican la sequía como medio de creación y ascetismo de vida. No comparto dicho dogma, prefiero seguir pataleando en los himnos de las olas, en las odas del remanso y en los peligros sublimes de remolinos y raudales, lo que muchas veces me causa sinsabores pero me basta.

Nací y crecí a la orilla de un río: el Sinú. Sería tal vez por eso que cuando a temprana edad, tomé la pluma para escribir, lo primero que brotó sobre la página, antes de toda palabra, fue un reguero de tinta mitológico. Ríos, riachuelos, arroyos, ciénagas, pantanos, mares oleajes, aguaceros y huracanes nutren mi obra poética y pictórica.

"Creciente", el octavo texto de la antología, lo escribí en Montpellier, durante el invierno de 1994. Brotó de mi niñez como un torrente arrasando con mi mundo de adulto, un retorno al silencio prenatal; dieciséis años más tarde, para hablar en términos pictóricos, lo retoqué haciéndole algunos pulimentos con el cuidado de no quitarle la albúmina inicial. "Arena" (2003) publicado en francés bajo el título de "Sable" por la casa editorial *Fata Morgana* y acompañado de algunas pinturas originales de Jean Leccia, sirvió de preámbulo a otro poemario acabado más tarde en el 2010, el cual me tomó ocho años de labor antes de encontrarle fondo y fuente: "Espejismo marítimo de la quietud". En la pleamar de la antología y como salido del anterior espejismo, se iza un texto en prosa: "Manglar" dedicado a mi amigo, el poeta francés Pierre Torreilles, fallecido en el año 2006. Como su nombre lo indica, es un testimonio veraz y ontológico, asumido por la palabra frente a la fragilidad de dicho paisaje. No tiene nada de ecológico ni de relato de viaje, dicho poema en prosa nos conduce entre raíces y lianas a la matriz del ser y su entorno; la poesía aquí se hace elegía, informe, instintiva va de una niebla a otra desmintiendo la realidad de la imagen, todo es metáfora. Yo dramático consciente de su violencia y de su final. El cuarto poemario de la antología lleva por título "Según el vals de las olas". Escrito en 1998 durante una estadía en Isla Fuerte, antiguo bastión de piratas frente a las playas de Córdoba, Colombia. Más que un poema yo diría que es una melodía fragmentada; su intención es el éxtasis, contemplar, admirar y cantar. Es el poema más gozoso de todos los que he escrito, la presencia lírica de Orfeo lo alimenta y lo imanta; una primera versión de este texto fue publicada y acompañada con pinturas de Pedro Ruiz Correal, versión ahora retomada y modificada. Le sigue en su orden "Edén pantano", aquí la palabra, prosaica y ahuecada, es el enclave de un viaje hacia la nada, un deambular plácido en el fango de esa hoya tumultuosa relacionada muchas veces con la muerte: el pantano. Paisaje desolado y fónico, representado aquí, metafóricamente, por el *"Etang de l'Or"*, "Ciénaga de Oro", ¡Qué casualidad! Morada del silencio, de la inmensa soledad, allí mi melancolía encontró refugio. El afianzamiento cada vez más consciente del ser en dicho paisaje, es vivido como un abandono total, un deambular, ensueño inducido por el destello purpureo del crepúsculo. "Edén pantano" fue escrito inicialmente en francés, traducido al italiano por el poeta Giuseppe Napolitano y publicado en versión bilingüe en el año 2007 por la casa editorial *La stanza del poeta*, cuya sede se halla en Formia, Italia. El siguiente poemario lleva por título "Dominios del fango", este poemario me causó muchos problemas, pues al ser el fango un elemento no definido, es decir un meollo hecho de tierra y agua, no fue fácil encontrarle su hado. Una primera versión fue editada en Montería, la cual fue leída durante el homenaje hecho a mi tío, el poeta H. Galo Vurgos P. en el 2007, en el ámbito de mi exposición "En el reino de los ciegos". O sea que pasaron más de cinco años antes finalizar la versión aquí publicada. Para no olvidar los hechos funestos que durante varias décadas enturbiaron las aguas del Sinú y de tantos otros ríos majestuosos de Colombia, le añado a este brebaje idílico un poema amargo cuyo título dice todo: "Memorial", poema que extraje de mi libro inédito: "Athaiz Toix Pixel" o el "Libro de mensajes". Para acabar la antología y no olvidar ninguno de mis breviarios, incluyo también tres textos: "Coveñas siete horizontes", un punto de vista antropológico, siete fragmentos poéticos inspirados del horizonte marítimo contemplado desde ese puerto petrolero y paradójicamente balneario muy popular, situado en el golfo de Morrosquillo, Costa Norte de Colombia, adonde muy pequeño me llevaron mis padres para conocer el mar. "Ola, la deidad azul", es un cuento de juventud el cual escribí en Playa Blanca, durante una de las tantas estadías en la casa frente al mar de mi hermana Marielena. Y para terminar lo hago con una sátira "Un montón de gente", relato estival inspirado de dibujos hechos discretamente, lo que explica el lado inacabado, guarecido bajo un parasol sobre las playas del Mediterráneo.

Espero que las anteriores elucubraciones no hiendan la inocencia del lector, son un simple recuento histórico, no son en nada teóricas y mucho menos analíticas, lo dicho es naufragio vivido, diría un viejo lobo de mar ante un océano embravecido. La autenticidad de este libro consiste en hacer fecunda la lengua, su palabra nos anega, nos mimetiza, nos lleva con sus olas hasta el alba donde seremos, el manantial, la fuente, de un radiante despertar.

Enán Burgos

ESPEJISMO
MARITIMO DE LA QUIETUD

"La absurda diferencia que media entre la muerte

y el espejismo del latir del corazón."

SALVATORE QUASIMODO

"Oh recompensa después de un pensamiento

Que una lenta mirada sobre la calma de los dioses"

PAUL VALÉRY

"… El mar —la mar-, como un himen inmenso,

Los árboles moviendo el verde aire,

La nieve en llamas de la luz en vilo…"

BLAS DE OTERO

Vocablos de la marea,

balbuceo de la espuma

en su embriagada alegría

olas del éxtasis,

caracuchas y fragancias.

El fulgor tiene cristales,

un mirar lleno de amor.

que tu voz sea ese mar

de cuyo pecho emerge

el espejismo intacto

de todos los instantes.

Océano negro,

nos trae el luto eterno…

¿Hasta cuándo en la arena su inmensa prosa?

Olas acuestan y se retiran

no sé si estoy bogando

de vida a muerte o de muerte a vida.

Marinero flotando en nostalgias

de súbito hundido en sí mismo.

Ojos casi faros encendidos hasta el alba.

Marejada incesante,

en la orilla silba el agua

vestigios quedarán mañana.

Quietud que precede

al filtrar inmediato de sí.

Aunque sorda mi oreja sea

capto el oleaje y su eco.

¡Por fin el caracol mundano

despierta de su letargo!

Puerto en tinieblas,

nunca mi corazón se sintió tan enlutado,

sus latidos, tamborileo de olas…

Solo y a la deriva por ese mar abierto

vislumbra velas del navío amado.

Cuando la tempestad

convierte mi sangre en torrente

naufragan mis alegrías.

Aunque opulento se vea mi mar

ninguna oda declama,

se me cierra también el mirar,

sollozos,

cuerpo anegado,

hundida mi alma.

Aurora de amores,

lúbricas mareas…

La caricia escurre cabellos

libido ardiente de incontables olas.

La espuma con bucles fragantes,

en la alcoba el suspiro alado

y hasta el óxido recobra su brillo de oro.

Sangre y llama del crepúsculo,

gaviotas de ti mismo

por el cielo van…

Huellas en la arena,

van y vienen, del árbol caído

al muelle destrozado…

¿Aullido de alguien?

Tal vez de mi otro yo,

monstruo marino profundo

jamás contento con lo que soy.

Espejismo adentro,

vibrante transposición del afuera,

cristal con una mariposa de mayo,

embellecido cielo,

sus aves protagonistas del éxtasis.

Instante que le da a mis ojos

el maleficio de toda ficción.

Mar muerto,

carcome la orilla,

resabios de la resaca…

Beso fétido de la onda inerte,

manglar enigmático, ostras

ditirámbicas bamboleadas

por la baba del desaire;

lo miro un momento…

Deja ver sólo lo tétrico

se niega a tender su espejismo.

Extraviado en mi propia niebla

soy un animal oculto.

Perla negra del ocaso,

¡Oh, fantasma del mirar!

Escollos de soledad,

nunca encuentro lo que anhelo…

Mar interior que no me contiene

pero me ofrece su espejo de agua;

todo el albor en mi vida,

mi oasis florecido,

mano ardiente y desnuda de la luz.

Hondo crepúsculo,

Todo es triste donde mueren barcos.

Troncos, ramas del deseo encallado

y deshoje también de la memoria…

Espejo henchido de niebla,

mis ojos buscan en él:

popas, velas, mástiles y proas,

no hay consuelo que lo alumbre;

anclado vivo en el ocaso que arde.

.

Antes del anochecer…

¡Espejismo marítimo de la quietud

quisiera volverte a mirar!

Mar sin aliento,

tus olas en mí recluidas,

mi silencio, hermano del agua,

mi sombra, novia de lo húmedo.

Cuando en el pecho,

lentas, murmuran las horas,

modorra del viento,

pesares de barcas,

todo está inclinado

excepto la lluvia.

Piratas, allá,

en el badén del tiempo.

Era un espejismo…

Crujir de maderos,

gemir de ripios de olas,

plañido de las alturas…

El cuchillo oxidado del hambre

le corta al cielo la imagen de Dios.

Torbellino de este libro,

su belicosa tinta,

purpurea lumbre entre sus páginas,

cesa el remolino.

De repente, sedimento, cangrejo azul,

nácares que son un sinnúmero de espejos

y un aluvión de memorias

donde yace vivo el fuego del origen.

Océano cristalino,

tiene el poder de los sueños

brillan lascivas sus lágrimas.

Vestido de gigantes olas

y hecho para el amor,

tras la luna ondula

como el ojo enamorado de un ciclón.

Carne de cangrejo,

diablo impúdico de entrañas

ceñido en el cuerpo

que ahora es lujuria.

Se ve pálida y sin sangre,

pero en verdad

es más roja y ardiente

que la herida;

incorporada a la idea

que tenemos de la rosa…

Antes del vendaval,

el día muy ensombrecido,

aunque sueñe con tardes floridas

afuera el viento empieza a jadear.

Convexidad de paredes,

la lluvia sumerge tallos

igual le pasa a mi ser,

lo miro hundirse,

él que se viera como un faro ayer.

¿Qué quedó de aquel siniestro?

Ahogados bajo escombros,

zombis harapientos llamando muertos.

Por fortuna, mar salvaje,

ya manso, de nuevo el sol nace

para que nosotros, sobrevivientes,

volvamos a ver la vida con ojos grandes.

Pero todo lo que te aborda

de ese espejismo marítimo no es ilusión,

tus cadenas, esclavo del instante,

aunque ficticias, perpetuas son.

A no ser que las rompas

y con el sol en el corazón

tu alma vuelva a tener color

y en el entorno nublado,

sensuales delfines con bailes estivales

mantengan encendido el horizonte lívido.

¡Mira el poniente, míralo!

Tortuga de mi lento mar.

La arena te hiere,

su trajín, ¡qué cansancio!

¡Ve con las olas, ve!

Hacia la aurora que nadie ve.

¡Mira el poniente, míralo!

Tortuga de mi lento mar.

La arena te hiere,

su trajín, ¡qué cansancio!

Del plenilunio,

olas traidoras…

Brisa agria que se deshace

en tinieblas,

salitre de espaviento,

penumbra anclada en ojos

cual sueño fosco

hecho realidad.

Flujo,

arrecife infranqueable

oleaje culpable de tantos

naufragios…

Más allá, la pleamar,

una vez más

se refleja en ella el fulgor.

Estela de seda,

islas del amor

en medio de ellas

crece el resplandor.

Flujo,

arrecife infranqueable

oleaje culpable de tantos

Al fin la aurora majestuosa…

Barca en alta mar,

altiva en tu pecho

surca la ilusión.

Rayos del poema-pez

en el fondo azul del papel.

Boyas a contraluz,

el pulpo bufón

aferrado allí,

con su tinta negra,

aunque amarillas,

las vuelve tenebrosas.

Boyas a contraluz,

el pulpo bufón

aferrado allí,

Mansas aguas,

tranquilo flotas

perdido en reflejos.

Filtrado entorno

por el anjeo del sentido.

Derivar.

Quietud.

Lunación.

Leves gaviotas titilan

cual luceros en un sueño.

La Saltona,

la Reciba,

la Piedra de Urabá,

el Bolbojo, el Hierrito

y las Llantas:

zonas secretas del mar

donde se pesca

el pez-rayo de la luna.

Suntuosidad de la noche

redes henchidas de estrellas,

prendidas ansias de Cristo,

el pescador de milagros.

A contraluz,

no muy lejos de la playa

aleta del tiburón peregrino,

desvaído morirá de llanto,

prisionero y mártir de la red.

A contraluz,

no muy lejos de la playa

aleta del tiburón peregrino,

Salpicadura,

latigazos del mar de leva

venido muy cerca

hasta el talón de las casas.

Clamor del espumarajo

chocando contra el arrecife;

empapados hasta el tuétano,

hace de nosotros,

poco a poco,

verdaderos locos.

Agua melancólica,

el porfiado deseo

de bañarme entre sus brazos,

fango,

mis pasos van tristes

huellas de la pena;

también abatido,

el narciso blanco

del ser afligido…

Mar paradójico,

la vida carcomida

¡Y este viento de hielo

capaz de erosionar lo eterno!

Marea negativa

como una pesadilla

venida de ultratumba.

Cuando sin oleaje

la sangre se marchita

el corazón desierto

nostálgico de música.

Quietud espectral,

espejismo que inunda,

duna esparcida

cuando los párpados

húmedos se cierran.

Fulgor nacarado

y de vez en cuando

mar recorrido a ras

por el alcatraz que le arrebata

pececillos a lo íntimo.

Fondos de la matriz ya desgarrada,

voces del libro

que guarda entre sus páginas

un profundo silencio.

¡Quieta sea la poesía, muy quieta!

Que se icen con ella

las velas que acompañan

aquellos días desnudos

entre tardes fantásticas.

Ese mar allí tendido

que le devuelve a mi mirada

el reflejo de mi propio vacío,

no sé de dónde viene

ni para dónde va…

Sus olas impresas en mi mente,

ese mar liso,

espejismo marítimo de la quietud,

pobre aspira a la dicha;

dulces islas vendrán,

soledad, cielo y mar,

es lo que anhelo…

Enán Burgos

ARENA

marea de recuerdos

abrir la ventana

zozobrar

la claridad

interiormente

la brisa

el papel

el pincel asume su viaje

se inflama

bebe

se engrumece la luz

corazón chorreando jamás adormecido

palpita

larga las amarras del navío amado

vela entre este y oeste

con mansedumbre avanza

encaje de la aurora

quimeras de lo negro

balanceadas por eróticas ondulaciones

encarnado   ocre

lapislázuli

y arena blanca

arabescos de lo invisible

que ojos casi faros

sin fruncir las cejas

brillantes y profundos

sustraen de lo impasible

golfos y soledades

    el oleaje desencadena el filtrar inmediato de sí

                himeneo de la súbita quietud

        estando solo

     ceñido por lo abierto

contorno de la exaltada evidencia

                    playa de veracidad

sacrificio de incienso antes que aparezca el sol

                    dilatado y anónimo

            atento al mar

        execro la virtualidad

    espejismo de la marina quietud

        vibrando

            chispeando

                    aves del éxtasis

        cristal del sortilegio y su ficción

ojos colmados de luz

párpados míos

abiertos de par en par

realidad vaporosa

loado mar aunque siempre

voraz

roe la trama de la vida

revela secretos

el vacío que absorbe un niño

murmullo sempiterno

espejos que me ahogan

ningún eco

red inmóvil del calor alrededor

la ausencia en vestido de baño

fealdad de este siglo

desembarca

un instante después se manifiesta

fastuosa

exhala su ostentación

su pesada fatuidad revuelve los guijarros

impureza

se baña

pataleo en el agua

algún tiempo después

sortilegio de la brisa

espejismo súbito

no soñado

augurándole al cuerpo una existencia de niebla

primor

más allá de persianas

nos devuelve el hechizo

sol de alegrías

delfines y olas

fiesta de las aguas

azul barnizado in extenso

súbitamente

profusión de ritmos

ondula el ocre de la vida

ocaso

que nos recuerda nuestro yo mortal

                    inmarcesiblemente

                              incita al naufragio

        cuya tragedia

            entenebrece el mirar

MANGLAR

56

Para Pierre Torreilles

La luz aquí es muy intensa, es la expresión que conviene para pintar tanto exceso, tanto resplandor. Mis ojos se encielan ante una tal profusión de destellos. Atónito miro el entorno y respiro su humedad, todo parece esmaltado: conchas, flores, mariposas, efluvios, los entrelazamientos de troncos, bejucos y raíces, las tinieblas, aquí, en este jardín fogoso, todo es color.

Luminiscencias serenas de peces y guijarros, ninguna red podría atrapar el misterio que yace bajo esas aguas mefíticas. Hasta el cielo, con sus rayos, ara la inmensidad de las sombras extendidas bajo esos gigantes frondosos, testigos del nacimiento del tiempo.

El lánguido mantel púrpura se prepara al alba de la tibieza estruendosa. Himno de oro en el corazón del manglar, búsqueda de una mariposa imperceptible: la presencia que ningún rayo exhibe. Viaje hasta los secretos prodigiosos, en el seno de un mundo irisado. Enigma que yace oculto, excesivo, fuente perenne de toda ilusión. El lugar y el nombre de ese jardín, jamás lo diré, sólo los viajeros del silencio lo habitan, de él brota toda la paz deseada que tanto le falta al mundo.

La desnudez, en ese paraíso, recobra su llama jubilosa sin ninguna vergüenza. Nuestro aliento hecho exhalación, lava favorable, su canto surca el firmamento cual ave que pasa llevando secretos de amor. La barca que es la palabra, hechizada honra sus aguas, venera su espuma, iza sonoras ramas sobre el charco en llamas de los trópicos.

De súbito, metamorfosis del ámbito, todo cambia, la pesadez reina, ningún signo de luz, ninguna hoja se mueve. El visitante venido del frío, abatido por el sopor, furiosamente corta los bejucos, maldice el calor, a profusión lanza su grito contra la falta de frescura y de diversión. En la garganta lo pican avispas y su arteria se hincha como un relieve cercado de morados.

La putrefacción es total, su maleficio engendra las peores pústulas, los peores tormentos; las ansias tiránicas que duermen en uno se despiertan, nos incitan a horrores ávidos. Aquí se esconden: la crueldad, la peste, los atroces crímenes, los rostros del veneno y sus serpientes, los arcaísmos que alimentan lo violento. El subsuelo está lleno de raíces fabulosas que llenan de pesadillas nuestros sueños. La mínima hoja revela la fiereza del antaño.

Paraíso de los orígenes purpureado por rayos que celebran la alianza atroz del aire y el fuego. El desasosiego aquí linda, vapor de la fetidez que como un vaho, a la hora tórrida, quema hasta la médula. Según una vieja leyenda, bejucos y raíces, entremezclados en una orgía de dolor se estremecen horrorosos y cada cosa se entrega de lleno a su propio clamor. Por el fango resbalan serpientes rayadas mientras que la tormenta estalla iluminando los abismos de la tierra. ¡Oh follaje lleno de misterio, mi felicidad es total! Nativo de ese lugar, en ti boga mi inocencia, mis pinceles ruedan apaciblemente, lo esencial me aborda, lentamente me dota de mi sustancia, su sed se bebe mis ansias. Más tarde, vencido por el sopor, lo insoportable estalla en el alma, morada del embrujo, me vuelvo entonces llama desnuda que en el vivero fosco incendia la decaída luz. No hay lugar más grave destinado a las máscaras del horror. Tales son tus pinturas: eyaculaciones, colores deslizados más allá del horror, negación de velos que nos aterran.

Ensopado por el calor penetrante, cruzo entonces la jungla destinada a los iniciados, renuevo lazos con el magma de sus orígenes y con la frondosidad intuitiva. Jamás en el corazón sentí fluir una cascada igual: la lava que alumbra los sueños. ¿Y los insectos? Poco dóciles, en la obscuridad desaparecen, disimulados en charcos mortíferos; sus picaduras son dolorosas, te traspasan, la piel se enloquece flagelada por el veneno. Pero nuestra piel es coriácea, es ella quien figura la corrupción, vestida de culpa traiciona los deseos, palidez en vida y fulgor en muerte. ¡Qué maravilla, aunque estoy al tanto del desenlace y a pesar de tanta malaria, me siento al fin vivo!

En ese cenagal colmado de reptiles amarillentos, de sapos a cuernos, de arañas velludas, en dicho lugar recóndito de la negación, tropiezo con mi yo. No puedo decir por qué, pero frenético y colosal, me siento desnudo y soy de nuevo Adán. Mi ser selvático plácido en su verdad, un esplendor que ignoro, tibio como la esperma, renace de mis entrañas. Venidas de la penumbra y esparcidas en mi sombra, centellean las luciérnagas que preceden la luz. Tal es la orgía de mi cuerpo sujetado por las lianas del manglar. Pero por desgracias aquel éxtasis dura poco y una pregunta, cual angustia, me brota del antiguo yo ¿Cómo salir vivo de aquel infierno? Aplastado por el sopor, sin respuesta alguna, ganar la orilla sería mi salvación.

Entonces en el momento de la dilución, una banda de cacatúas jocosas, dementes y bulliciosas, detrás de sus máscaras báquicas, dignas criaturas de un *Logos prédateur*, en su jaleo indecente, desde los altos copos me hablan de las maldades de Dios. Así pues, fascinado por esos demonios penígeros que tanto me divierten, habiendo tomado fuerzas, los agradezco y me dirijo por fin hacia la morada, hacia el desenlace deseado de este viaje. ¿Es acaso el buen sendero? Delante de mí se iza una vieja bonga secular, admirativo me siento minúsculo comparado con dicho gigante, el cual ya centenario, no le pesan los años, mientras que rugen distantes los dragones del crepúsculo.

Llueve. Una lluvia intensa, tupido aguacero, el entorno se enfanga, deambulo tratando de no caer, pero en vano… En el lodo, mi piel desvestida de su asco siente el antiguo placer y, lasciva, cesa de tiritar. Mi paso se vuelve seguro, nada lo detiene y aunque si voy agotado mi solidez es de acero. Manglar con la espuma viscosa y embrionaria, tu fetidez y tu moho copulan con la flema de la atmósfera, empañan el cristal del sentido. Chapuceo en lo fofo, goce, instante en el cual olvido que habré de morir luego. Más tarde, ya tendido, rememorando ese cenagal, le agradezco al barro por haber embadurnado mi piel de inmortalidad.

Un camino sinuoso, el mismo de siempre: la locura de querer pintar, de ir por la jungla extrema buscando abolir lo real; también la aventura de perderme en la espesura hasta confundirme con la silenciosa materia del más allá. Inquebrantable, solo y contra todo, mi vida sondea el follaje, el derecho a inventar un pájaro totalmente desconocido. El viaje es duro, agotador a veces, el mundo se nos escapa como un incontrolable reptil. La sierpe de lo útil se establece radiante en el limo del estar. El mundo entero la venera, su dardo aumenta en mí la agonía, entra en ideas y vaginas vertiendo en ellas su semen siniestro. *L'issue infâme de l'horreur,* es de esa manera, que *Georges Bataille* tilda el desastre que arrasa con todo y echa por tierra el manglar. Tiranía de la apariencia, cubos monstruosos sepultando paisaje y éxtasis, horizonte y verdad. Y para el colmo de los colmos, rapaces del atroz consumo, destruyen cuanto aquí florece canturreando su armonía y su paz.

Al salir de tal meandro, nuestro esfuerzo es por fin coronado, y aunque viaje a solas, digo nuestro esfuerzo, ya que las ganas me vienen de compartir ese Edén indivisible sin precio y sin cercados. Existimos en él y no delante de él, su orilla es de arena menuda, una arena que se deja pisar, palpar cual piel deseosa de tórridas ternuras. Abandono mis preceptos en el lodazal. ¿El fin del viaje sería el comienzo? Nadie lo sabe. La verdad es que sin fullerías me siento más vivo que nunca y el más delirante poema viene a enmarañarse en mi red; queriendo desenmarañarlo regreso a la afirmación y sobre mi intuición se pegan las babosas de la razón. Sanguijuelas que son ideas enlutando la senda por donde voy.

Pantanoso viaje, a solas… Entre locura y razón algo desconocido me lleva hacia la luz. Manglar favorable, esencial, es entre tus aguas malvas repletas de alimañas, en el seno de tu caudal sin retorno, que mi barca, invisible, venturosa va…

SEGUN EL VALS DE LAS OLAS

Olas lascivas

    Novias de mi cuerpo

        Subiendo por muslos

            Me acarician

                Hasta llegar a mi espalda

De lejos vienen con furia

    Chocando contra las rocas

        Mojando la orilla

        Dejan en el aire

            Un sinfín de trovas

Vaivenes

    Que hacen del juicio

        Desnudas locuras

        Y tú navegante

            ¿Nublado ya el firmamento

                Qué te queda por hacer?

Bogar y bogar

    De pie sobre tu barca

        Turgente remando

        Hacia la pleamar

Corazón cargado de esperanza

La aurora con sus rayos

Disipa en ti la neblina

Y también los ciclones

Isla Fuerte

Desde la barca te miro

Entre las manos

La red que suele

Darme el consuelo

Langostas de tus entrañas

Y ese mar

Para los sueños

Isla frágil

Concha jadeante y yodada

Nunca te abras

Vive cerrada

Sin mostrar tu perla

La inocencia protege del miedo

Dicha oscilada

Según el vals de las olas

Mares del cielo

   No dejéis que la noche

      Gobierne nuestra hondura

         Huracanes con sus vientos

            Introducen el gran silencio

               Expansión también de lo breve

                  Sumergidas las falsas distancias

                    Brisa embriagadora

                       Olas en pecho

                          Beatitud profunda

El madrigal de la infancia

   La desnudez poco acostumbrada

      A la vergüenza

         Burbujeo íntimo del ser en las aguas

            Transparencia

               Peces de colores

                  La lejanía azulada

                     Y su unidad que precede

Vida serena

   Ritmos y flujos puros y abisales

      En ellos branquial me siento

Estela de mis horas

    Y largas soledades

        Allá en la pleamar

Donde mi barca medita

    Estancia celeste

        Proa que al piélago palmotea los senos

            Vaivén perpetuo

            Y alas del crepúsculo

Del mar anhelo

    Todas las tormentas

        Istmos y archipiélagos

        Aunque ya sea tarde

            Despliego las velas

                Chalupa acosada por el oleaje

                    El remero de pie y tranquilo

                        Va al encuentro de los himnos

                            Que anuncian los vendavales

El agua es muy clara aquí

    Clara la arena

        Claras las noches y también las nubes

Es la hora del embarque

    La espuma anega la barca

        Frases chapaleo

            Para esconder el desaire

Peces multicolores

    Que por aquí llaman loros

        Aves del vals de las olas

            Colman la inmensidad del entorno

Brisa entonando delicias

    Primicia de lo sereno

        En la hamaca entre dos palmeras

        Vagabundo voy

            Entre mar y cielo

Para nuestro alivio

    Retomando aliento

        Valsan ya las olas

            Vamos a la playa

                Dicen los amantes

                    Besos y caricias

                    Multitud de estrellas

Preludios de un mar de leva

  Allí nadan

    Muchas manos remueven lo turbio

      Muchas manos

        Mambo de las algas

          Renace el sexo del mundo

El salitre de ese viento

  Ama los anjeos

    Manglar

      Edén de la tierra

        Por el cual avanzo

          Entre las blandas corrientes

Pantano purpúreo

  Tu vaho huele a herrumbre

    Danza sagaz del cangrejo

      Laberinto de raíces

        Jején invisible

          Pasada ya la tormenta

            La tarde clarea

              Página azul

                Serena estancia

El velero de la dicha

    Cruza el horizonte

        Olas que valsan

            Nos mantienen plácidos

                En el fondo impróvido de un tocar

Bogar y bogar

    Balanceado

        Según el vals de las olas

            Un millón de pececillos

                Vienen a tu encuentro

                    En el fondo de tus ojos

                        Acuarela de transparencia

EDEN PANTANO

edén pantano

           mustio oleaje antes del anochecer

  lo real se disipa sintiendo la nada

     homogeneidad de la bruma

       donde aún visible

la última boya fenece

     serpentario

        en él hallo refugio

     pasajero de un viaje

           entre tierra y cielo

evanescencia

        lugar vaginal

pasaje obligado del alma

           hacia su morada

   umbilical

el sol retorna a su sepulcro breve

vaivén de la espuma

estrellas de lo hondo

atavían el velo de la presumida Afrodita

el sol sigue bajando

la luna retorna

edén pantano

yertos lamentos neptúnicos

los oigo con la oreja tendida hacia la noche

yendo

apartando la bruma de mi corazón

grietas

la arcilla se endurece

igual que un fruto seco bajo

el escupitajo del sol

espinas cual llamas

fogoso azote que asedia el lodo

fulgores allí

intensos acá

lúgubres goleros

sedientos ojos

que en la poca sombra

ven gotas de agua

los pescadores de ensueños

ambarinos de invisible

idílicos e inmemoriales

en la orilla lírica donde el cristal fluye

sobre las barcas adormecidas

flotan envueltos por una niebla

de eternidad

canoa a contratiempo

golpes en su pecho

unión pantanosa de óxido y silencio

sonido rocalloso que hace huir las garzas

ningún testigo

salvo un caracol de regreso al mantel incoloro

que alberga las corrientes del ser inusitado

algo remonta hacia abajo

        paracaídas suplantando

   la

     gaviota

paisaje de lodo

brilla su frente y su pecho

resplandeciente instante de cíclicas maretas

resaca malva venida del otro lado

y esa arcilla que nos revela el estado latente

y aquel reflejo

collar de algas

mojo mi pluma de pato santificado en el raudal

que anima el manto turbio

deambular

travesía

por el limo del misterio

preludio de niebla

alba del danzante éxodo

aquí y allá notas de estío

cañaveral donde se esconden sapos

sus sempiternas flautas enlutadas

melopea del viento

míticas olas cortejan su melodía

la lógica

nuestro peor pensamiento

nos impide oírla

aves fugitivas

un Re bajo el sol es un vuelo de flamencos

un Si bemol una gaviota inaccesible yendo hacia su nido

nubes cual lápidas

se siente el agua más fría que antes

mediodía

destello que evapora todo

espejo con reflejos deslumbrantes

delante de él

casi derretido

de mi boca salen desnudos vocablos

recorro el canal

el pensar soñando

le suelta la rienda a lo libre

a borbotones

un remolino obstétrico

en el corazón mismo del pantano

que se traga una parte de la orilla

deseoso de lo pleno

sol velado esta tarde

diluvio

las grandes bóvedas terrestres

van a llenarse de una faja de barro

tintura blanda cubriendo las sendas y

también charcos fastuosos para el ego

cabaña inhabitable

inaccesible

visible hoy hundida mañana

día azotado por una lluvia taciturna

desahuciado aunque dueño de la luz

el dios del cielo llora

abre las compuertas

la tierra acoge

el torrente que la embarra

       el mar

con su tormenta

            invade la matriz

                 de la ciénaga

       haciendo subir el lodo hasta el cuello de las casas

    cielo muy bajo

viejos troncos arrancados se amontonan

      la barca plateada de la luna con sus pestañas negras

se va a pique desatando la inquietud de los vecinos

    un relámpago grabado en la noche

     colma de albor el alma ensombrecida

nubes según el viento

aéreo desfile de ovejas por el sendero de la gracia

se ve cabizbajo

el zodiacal toro

cruza lento húmedas praderas

abrumado

sobre el fofo légamo de su soledad agreste

pero el mar sonoro

vibrante a lo lejos

alegra las hojas y poetiza el tiempo

aunque titilen níveos nenúfares

poniente cada vez más enlutado

un pato verde sobre la onda malva

el sol muere cantando

naranja tan hechizada en el más bajo peldaño

un segundo antes de desaparecer

halla

en el recinto de mis ojos

la sepultura soñada

jarras de la claridad que alineamos

nosotros

ostras ciegas de la

inmensa inquietud

rumoreando nuestra ansia

en las entrañas de un pantano

con raíces intrincadas

al borde del canal

        suspendido como un fanal

el duende de los abismos

      pronuncia la palabra

que sobre todo

        no debía pronunciar

> azar o súbito presagio

el mistral me arrebata de las manos

> la mariposa amarilla de la esperanza

era por ella que temía el exilio

> ahora el fuerte viento

rasga sus alas

> volverá tal vez un día

lirios amarillos

titilan cual luceros

semen lácteo a chorro por los tallos

edén pantano

arco iris cuando los rayos halagan la humedad

libélula embriagada

obsequiosa

revolotea sobre sotos

pronto la primavera

la línea del horizonte

aparece menos pálida

la savia despliega sus olas inmortales

   ensaladas

      algas

        espárragos

 bajo el sol

      suspira el agua

    vocablos vagos

       pálidos secretos

     enigmáticos

vienen a mi lado

   los acojo

    comienza

     la más leve vida

el más celeste aire

mosquitos

     zumban en la noche de brea

nos pican

    venidos del cenagoso encono

        arqueólogos de poros

  cuyas saetas ofuscan la carne ya encamada

   rasquiña y más rasquiña

    la sangre de los hombres

      ungida de opulencia

olisqueada

  sin cese

   los deleita y sosiega

azucenas

tan añoradas

por el enfangado corazón

oda primaveral

rumba de abejas por doquiera

niñas tan bellas

aunque efímeras en el lodo

sus pétalos desnudos

trepidando hechizados

titilan cual luceros

pantano

mi flauta

su cañada

la onda allí estancada

el sol

la tierra

el agua

y el aire con la nada

yazgo impávido

ante su seda gris acicalada

gaita en el pecho

festeja Adán

la orgía

de aquel edén

que el sol

aún ilumina

CRECIENTE

98

Para Gloria Amparo

"Sólo el ahogado sabe hablar del río"

río de mis horas

a los árboles cubres las piernas

en tus jardines tórridos

se aglutinan recuerdos

y voces eternas

almibarada creciente

territorio inmenso de la memoria

fuente venida de lo eterno

cuando en el raudal vas muy aguda

tus ondas malignas

vierten embrujos

lirio

mutismo

penumbra

el alma-rana

engullida

por el empapamiento

y el espíritu del cielo

se deposita

en el fondo de tu neuralgia

hiel mental del vasto cauce

bajo tu afable apariencia

raudal a borbotones

vieja lombriz del sol

serpiente arremolinada

hipnotizadora

silbando

peligros

misterios

con fervor te suplicamos

arpón melancólico clavado en las sienes

mientras que allá

en el remanso

flota un ahogado

entre azucena y lodo

vago vocerío de cascajos

bochorno y decrepitud

una cierta exasperación se siente esta mañana

atmósfera febril propicia al sufrimiento

invade los cuerpos hasta la médula

en el propio corazón de la corriente

arden las almas difuntas de las Náyades

el torrente-universo

revienta los amarres

corre a mares nuestra sangre

por la llanura herbosa

camaleón pintado de esmeralda

sobre tu vientre tornasolado

se refleja el ojo ciruela de la luna

basilisco en la rama

de un salto te echas al agua

engullido mimas

su borrascoso

color terroso

río del ayer

hoy son tus aguas

lágrimas de guerra

el rencor suplantó tu remanso

tu raudal desvelado

lleno de tristezas

tinieblas

escalofríos de espanto

la piel suda a chorros

sin esperanza de paraíso

cruza otro ahogado

Sinú mío

miserere y lentas nostalgias

qué pavorosa guadaña arrastras

penumbra ahondada de penas

te lo ruego

dejad ver el cielo

pez aventado

igual que ripios humanos

tirados en el zanjón de lo eterno

agujereado cual un colador

podemos ver los impactos

a quemarropa

de la deflagración que revienta

los jirones de tu cuerpo

por la onda

va el corazón bamboleante

curioso címbalo

iza la vela

navío vago

cruza lo inmenso

aún escucho

el murmullo virginal de la mareta

resuenan sus maracas

gira el remolino

miro y siento

el cosquilleo líquido

el largo ascenso de la piragua vibratoria

el choque jubiloso

de la vara y de la onda bajo su vientre

de repente

el boga amoroso se zambulle berreando

luego emerge

esmaltado por la dulzura del agua

capta en el viento

su melodía solar

la creciente victoriosa

vence el dique

con fiero rostro

escupe troncos raíces

que fertilizan la tierra

reino de verdes potreros

calabazas mortecinas

yucas

mangos y papayos descarnados

le agradecen en febrero

su insolencia misericordiosa

ay cañada del dolor

diáfanas sombras con vida breve

entre memoria y olvido

el día nublado de la infancia

río uterino y nocturno

sumerges las fortalezas del ser

tu fluir umbilical

vierte en el corazón

eflorescencias del ayer

praderas en flor

mariposas

frutas

pájaros

barriletes

colores

de un cierto tiempo

ya polvo

Por la espesura

piragua doliente

ayer árbol centenario

hoy frágil y agotada

deslizas sobre el cristal del ocaso

quebrantada encallas

en el arenal fijado allí

para los viejos botes que se rompen

oh lastimera muerte de un leño

embalse

sábalo en la trampa

nadie aquí que pueda salvarte

la cabecera del río te ha sido negada

súplicas agravan tu pena

sólo la creciente sagrada podría regresarte

al cielo de las remotas aguas

allí entre los juncos

feliz besarías

tu fuente natal

inundación bordeando

el umbral de los tambos

amenazados por el río Tigre

se añade a eso

el llanto de los indígenas

implorando la luna

sueñan con un alba

cuyos rayos anuncien

los trinos del sol

el humo de sacrificios pide clemencia

el torrente vuelto ya un trompo

arrastra las piedras del oráculo

futuras

serranías y colinas

allá

en el remanso

una hoja de plátano

pasa tremolante

en el torbellino

angustias primitivas

el oro fino de las espigas de maíz

la fragancia de lirios del borde

resuena la totuma de la luna

mitad madre mitad cascabel

las plumas del guacamayo

trastornan el pensamiento

altos bambúes

le pellizcan las nalgas al cielo

qué calor

el bochorno asfixiante

nos clava en el fango tórrido

la orilla muy enlodada

hacia la frescura amada descienden los bañistas

con la mirada chispeante

escudriñan la corriente

de un salto intrépido se zambullen

en la seda adormecida del Sinú

extasiados

parecen delfines sumergidos

en la dulzura de un espejo de engaños

balsas silenciosas

bajan por la espesura

velludo tremor del monte

lascivas y a la deriva

cargadas adelante de racimos de plátanos

de pilas de yuca y ñame

y de tinajas rojas para la sed detrás

cierro los ojos

¿hasta cuándo habrán flores y aves

en los tramos encantados que recorre el río

hasta cuándo escucharé su voz de ambrosía

el canto delicado de las palmeras

la brisa golosina de los campos

hasta cuándo este aroma de armonía?

golero

nutrido por lo inmundo

hambriento desciende y clava

pico y garras

en el cuerpo del ahogado

entrañas y sesos colgantes

el flujo uterino

hinchado por la creciente

devuelve cadáveres aventados

a quienes esperan sollozando

que tal vez un día justicia se haga

las sierpes en la avenida

vestidas de buenos hábitos

notables en pedestales

culebras amedrentadas

se vuelven de mármol

oh dulces memorias sanguinolentas

en las hamacas de la noche

se mecen los pescadores al ritmo de los desvelos

la miseria en épocas de guerra gobierna las almas

anzuelos y redes crueles

esperan la subienda

de repente se oye

no lejos

en el remanso

un palmoteo lastimero

descuido del bocachico

arrebatado a las aguas

pensamientos cristalinos

bogan anublados

el cielo llora y gime

y se vierte en un pozo sin fondo

al pie de la muralla

el chasquido de la mareta

arpegiado anuncia

la hora del derrumbamiento

basura de sí

aguas muertas

ponzoña del mercurio

dejando en el aire

los resabios de un vaho nauseabundo

esa orilla pura

donde cantaban en otro tiempo los azulejos

hoy no tiene ramas

ya no alberga hadas

donde sólo ahora

las flores de muertos van a la deriva

pez exiliado

con escamas de diamantes lunares

río abajo

señor de grandes conquistas

río arriba

una verdad de poeta te conduce

del valle a la cabecera

tu mirar vagabundo

entornado ve llegar

la hora última de tu viaje

DOMINIOS DEL FANGO

"Arrojarlos todos crudos y desnudos,

los héroes, sobre la escena (y daría pena verlos, si lo quieres): (enmascarada,

posiblemente, la cabeza, pero los brazos ya desnudos, con todo lo que hay abajo,

sin tabú):

las Jocastas que ponen en evidencia, sin decencia, esas cosas (esas rosas),

se vuelven solemnemente incestuosas:

los Hamlet,

si se retorcieran un poquito los testículos, de ninguna manera serían ridículos: (y

posiblemente la poesía es una forma de faloforía):"

EDOARDO SANGUINETI, *"POSTKARTEN".*

Sanguijuela lengua, hablas, besas, palabras chupones cuando pretendes cantarle al amado.

¿De qué fuente nace?

¿Para qué saberlo?

Déjala brotar aunque no lo quieras y pronúnciala de manera muda.

Y así vives, clamor cautivo, amasando gredas según chubascos.

Suelo liso, pasos disolutos, letras regadas, sueltas en la página, rastros de una frase, tiempo de desvíos y otra frase larga presagiando.

Sinfonía, la tarde...

¿Acaso la escuchas?

Llovizna esa noche, alba pincelando ya los deltas.

Mediodía, se embotella el aire, la humedad te ciñe, por tibias riberas vaga tu silueta.

Dominios del fango.

En la honda memoria del agua limbo bordeando tu mente.

¿Tenebroso olvido, eres barrizal?

¡Oh los cirios de tan suave sombra!

Exhalado vaho, tu tibieza ahoga, materia incierta del légamo que el letargo esculpe sin saberlo.

Vidorria en los desagües, dilatada voz de las tinieblas.

Cangrejos fluorescentes moran en medio de una orgía de raíces y lianas.

Trasfondo de noche, anémico día, sobre fofo suelo, velorio lento de olas...

Yo evaporado.

Tórrido cielo, tu huella yendo por la insalubridad de los espejos.

Anguila, tedio del mísero hálito, borde palmario de escollos,
arenas movedizas sin límites, lioso flujo, resabio fétido, el ser supura.

Ronquido del agua estancada, viscoso apego en los dedos,
en lo pútrido, caldo de algas, anaconda mansamente por el caño.

De la espuma no has hablado, ni de los lirios puros, náufrago
engullido por la culpa, hospedado en el barro del libro de las ansias.

Cenagales, resacas, jadeos…

Prolongar los coitos, calmar los ahogos, charco del deseo,
cubierto.

Opacidad inhóspita rodeándote, odio y amor conciliando lo duro
con lo blando.

Espuma negra, eres la sombra del cuervo.

Tendido en el limo, amargo y solo, el ser somnoliento.

Doble moho y un renunciamiento sobre el rescoldo
del purpúreo engaño.

Estuario de lágrimas…

Sinú, río que arde en mis sueños, ardientes anhelos,
manglar tupido, tus cotorras chillan en coros, gaita de lontananzas.

Desvelo de reptiles sedientos, sobre la margen,
el estiércol del bestiario de la noche.

Garfios sediciosos, pantano lleno de guadañas disimuladas.

¡Girasol del Astro!

El lodo se endurece, la luna asomada sobre el marjal tan amado.

¿Cuándo alcanzaré la orilla?

Reflejo sin rostro, trama que se hunde cuando avanzas,
la evidencia hostil y fofa, bochornosa decocción.

Fangal que sube hasta el cuello, purulencia de viruelas, sapos y
ranas invocan el trueno, la hicotea vive afligida, los goleros aburridos
sobre el ocioso esqueleto de un asno.

Baba de tu afonía.

El cenagal materno.

La infancia toda atollada.

Linfa coagulada, las nubes pasan…

Hongo y sarro, rezo del arrozal, mosca que aterriza sobre
el pezón de un nenúfar.

¿Por qué no llueve?

¡Oh, Lilium candidum, tu belleza tan pronto agrietada!

Empalagamiento, sopor, perenne vorágine.

La muerte muy próxima, en las manos larvas de la nada.

Funesto mantel del pantano, lo supe desde niño y sin embargo
traté de cruzarlo.

Los poetas a hurtadillas lo sondan, muchos se ahogaron, otros
se extraviaron en la zanja oculta.

Mi carne hecha de lodo intenta licuarse.

El borde, mi barca, día tras día, su creciente sed…

Vuela en la lejanía la garza hacia el poniente, me hubiera gustado
 tanto seguirla…

Mis lágrimas fluyen más allá del alba, tan límpidas como
el rocío sobre un fruto.

Cuando ya muy tarde, sobre el horizonte, el lagarto austral

suma sus lágrimas a las mías.

Deidades de la fuente, haced de mí un arroyo buscando su cauce antes de arrojarse en el océano inmenso…

MEMORIAL

de repente

flotan ahogados

muertos un día de aguas cristalinas

vacas y burros bebían en la orilla

cuerpos amoratados

tendido océano en su tálamo

dispuesto a servirles de hoya

los hay que esperan

algunos mal situados

los otros duermen bajo los puentes

y hiede en el estanque de pesadillas

quebranto

parpadean lagartos terrestres

grita una señora a quien la creciente torna su capullo

aldea muy desolada

el viejo fumando calilla de ira

postrado vive siempre contra el muro

sentado en su taburete no habla

fuma y fuma

presiente

sus ojos desfallecen

le queda poco tiempo

noche de deserciones

capaz es de subirse a una nube

que lo lleve bien lejos

donde no haya ruina ni tampoco desdicha

pero no

ahogados yendo

que la muda luna ilumina

cadáveres llorados por sauces

calambre de mi mano

dolor que nunca cesa

atolondrados dedos

uñas entumecidas

a duras penas si puedo hilvanar fines

tinta crecida

el tintero desborda

volviendo fango el entorno

que duerme

COVEÑAS SIETE HORIZONTES

Enán Burgos

I

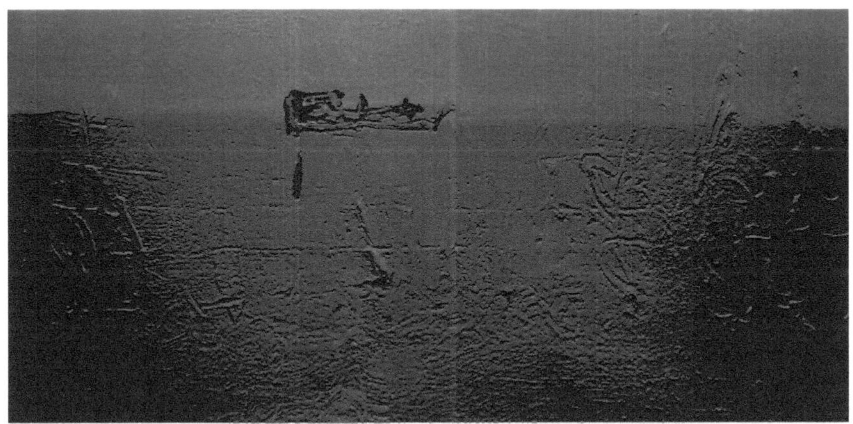

La actividad permanente de esos buques macabros sin bandera, amparados por la oscuridad, sin cesar violan nuestro mar y se llevan el petróleo, toda nuestra riqueza sin ninguna ley que lo impida. Y se van como vienen dejándonos la estela de un país desangrado. Bajo la protección de quienes nos gobiernan apestan la costa de un olor mortecino. Las olas erizadas arremeten contra ellos, desde tierra adentro se oye el bramido del mar enfurecido, pero quienes lo escuchan, se tapan las orejas para no ser testigos de aquel desangre perpetuo.

II

Allí, entre el crepúsculo y la oscuridad, prisionera del desconsuelo, Edelmira, la vendedora de collares de caracuchas. Antes que oscurezca, cansada de trajinar se detiene un instante frente al mar. Horizonte que todavía acoge los últimos destellos del cielo. Vagos recuerdos le vienen, se siente como una barca vencida que llora y su llanto no alcanza a darle consuelo. El vuelo último del alcatraz aviva las voces negras de su corazón. Un sólo objetivo en su vida: sobrevivir. Después de un corto sueño emprende su andar… La veo alejarse abrumada, atosigada por la sed y el hambre.

III

Golondrinas de diciembre posadas luego de un largo viaje sobre los cables eléctricos. Siempre en el mismo sitio y en la misma época del año, cuando en el norte la nieve cubre ya lagos. Todas las miradas se alzan hacia ellas con el cuidado de no ser pringadas por el estiércol que ciega. Lo que le ocurrió a San Pablo, conduciéndolo a su conversión. Pero dejemos eso de lado. Hablemos más bien de los destellos de otros horizontes con los cuales ellas nos hacen soñar... De la suntuosidad de otros puertos, de los altos rascacielos entre los cuales revolotean en oleadas, de las cumbres frías que ellas sobrevuelan antes de llegar hasta aquí, a este puerto moribundo y tórrido donde cohabitan la pobreza y el hastío, y donde sus hijos respiran la fetidez del agua difunta.

IV

Nada es más refrescante y apaciguador que el sonido de la brisa estremeciendo las palmeras y los cocoteros de esta playa lívida frente al poniente. Sobre todo en la época de verano cuando la sequedad es total y lo verde desaparece. Una oleada de polvo entonces opaca el barniz de la apariencia. Aunque se vean raquíticas y desplumadas, unas cuantas ramas son suficientes para hacer brotar las palabras que hablan sin espavientos de los fantasmas del agua.

V

Silla vacía, delante del dilatado horizonte, que no es una línea recta sino curva. Se ve recta cuando muy racionales perdemos el ojo animal. Los recién nacidos sin tener ninguna noción de geometría también la ven curva; es al crecer, ya domesticados por la lógica, que esta visión se les pierde y con esta pérdida comienzan los límites y las creencias. Enajenados por las mentiras nos alejamos de aquella silla, pues llena de crepúsculos, nos espera para hablarnos del horizonte y sus esplendorosos lienzos que abren el mirar.

VI

Según Cristo, no Cristo el redentor, Cristo el pescador, en esa zona del mar sale un monstro de la profundidad, el cual devora a los que se atreven temerarios, pasada la media noche, a aventurarse por allí. Quienes se aventuran no lo hacen por placer sino por necesidad. El mar con su horizonte como una mortaja les tiende una trampa, que ellos abatidos no alcanzan a ver. Pero sabido es que en cada hombre hay un héroe y un cobarde, que en este país de renombre las desapariciones son permanentes; los espectros de los muertos conviven en las tinieblas y de noche salen, como lo insinuara Gamoneda, "en las estancias donde el miedo habla".

VII

Las olas hacen vibrar su cuerpo. Me acuesto sobre la arena para verla. Se halla a unos cuantos metros de mis brazos. Olor del yodo mezclado con la brisa, se sumerge ahora con dulzura en el mar tibio, tal una ninfa que se baña en la pureza. El ardor de la arena infla mi deseo. Si tan sólo pudiera unirme a su cuerpo para sentir las olas voluptuosas del lascivo amor. Juntos los dos, en el edén del agua. Pero no me decido. Las velas de mi timidez se izan como un espejo húmedo lleno de tinieblas.

OLA, LA DEIDAD AZUL

"Ve, ve a buscar las flores de la pasión

y las rosas-seda

Ve, aunque haya yo encallado"

ODYSSEAS ELYTIS, *El monograma.*

La noche anterior a mi encuentro con Ola, soñé que el mar se había secado y que unas largas algas, desde lo lejos, me aferraban tirándome hacia la inmensidad de aquel desierto salado. Pesadillas como ésta y tantas otras de las cuales no me acuerdo, me torturaron durante los pocos momentos que pude conciliar el sueño. "No se deben comer sardinas enlatadas a media noche", la voz ronca de la fumadora que es la Tía Olga. El cansancio y el hambre causados por el pesado viaje a pie hasta la Playa de las Ánimas, pudieron más que sus consejos dietéticos. El resultado de mi desobediencia fue un desgane que me arruinó el primer día de vacaciones.

El bochorno pegajoso me sacó de la hamaca, sediento y acalorado fui a la alberca para echarme agua. Ya en la cocina prendí el viejo radio, que con sus pilas moribundas dio la hora. Las siete. Regresé al cuarto, Beto dormía boquiabierto, su aliento de ron y su pecueca hacían irrespirable el ambiente. Como pude y con mucho cuidado abrí la ventana, la cual oxidada dejó oír un chirrido siniestro. El anjeo, también mohoso por el salitre, albergaba un campo santo de insectos difuntos. Era el mes de Julio, a pesar de ser de mañana el bochorno era tremendo. Fue el padre de Beto, el Señor Anuncio, quien nos forzó a venir a esta playa del diablo. De facto y sin preguntarnos, nos metió en un bus con unos cuantos pesos en los bolsillos. Había recibido aquella casucha ardiente como pago a una deuda. Era terriblemente tacaño y usurero y si se comportaba de aquella manera dadivosa fue para ocultarle a su hijo otra verdad dolorosa: su matrimonio con mi tía Olga. La primera vez que así lo hizo fue el día de la muerte de Doña Manuela, la madre de Beto.

Yo detestaba el mar, esto decía antes de haber encontrado a Ola, quien con su manera ondulante de moverse, con su mirada y sus silbidos hipnotizadores me hizo cambiar de opinión y amar el mar hasta la locura. A los cinco años, durante un descuido de mi nodriza, estuve a punto de ahogarme en una alberca; duré un buen rato sumergido, me sacaron casi muerto morado como una berenjena.

Al abrir la puerta entró un vaho de infierno. Afuera la quietud era tremenda, roía los nervios... El mar inerte parecía aquejado, un hedor pútrido invadía el entorno, el eructo del manglar aventado por una semana de lluvias. Después del aguacero, al salir el sol, la temperatura sube y uno suda hasta vaciarse de toda su linfa. -Tienes que ir a buscar el pescado-, me gritó Beto, que ya despierto en la cama de viento permanecía acostado boca arriba con los brazos y los pies afuera aleteando para encontrar un poco de viento. La voz sonó grave y hosca, me pareció oír a su padre. En la voz, sin que uno lo sepa, anidan los ancestros. A mí, por ejemplo, me posee a veces, en las horas tímidas, un cierto hálito agudo y femenino. La voz de una india, tal vez la madre de mis orígenes. Debe ser de ella que me vienen las ganas de mascar y fumar yerbas o de hablar mansamente con animales y fieras. Desde el día fatal que me llevaron a vivir con mi Tía Olga, este ancestro femenino ha sido siempre mi aliado. En los momentos de desaliento, fue él, quien con su voz gutural, me dio consejos y la fuerza para soportar despechos y castigos.

En la casa de mi tía Olga todo era medido: el pan, el azúcar, el café, el papel higiénico y hasta las risas. Beto, mi amigo de vagancias, ya sentado, rascándose el cogote, fumándose un cacho con su voz ronca de alucinado me sacó de mi modorra, recordándome el trato que habíamos hecho: él ponía la casa y yo buscaba el pescado. Ya vestido, sin decirle nada tomé mi saco y me fui caminando con la intensión de huir de aquel bochorno. La playa férvida se veía solitaria, los lánguidos cocoteros se caían acongojados del aburrimiento... No era cierto que gastaría mis preciosos días de vacaciones en aquel hervidero matando jejenes. Lo que yo necesitaba era acción, pasión, frenesí.... en Marzo había festejado los quince y aún no sabía nada del amor y su misterio. Por primera vez se me presentaba la oportunidad de escapar de las garras de la Tía Olga y de hacer de mi vida un carnaval de ensueños y festejos.

Iba yo por aquella playa con paso acelerado sintiendo todo el hondar del mar anclado en mi pecho, la voz aguda de mi ancestro me empujaba, me daba brío para continuar la marcha, -el sendero va por ahí, sigue adelante-. Me vino también la imagen de la mujer que una vez por año venía a visitarme, cada diciembre, para la navidad... Me traía regalos, yo sin saber el por qué. Cuando interrogaba a mi tía, me respondía tajante con su voz ronca de fumadora "Alguien lejano". Para esta ocasión, la Tía Olga me vestía con el traje entero de paño verde, la camisa blanca con encajes, un corbatín impregnado de naftalina y los zapatos negros de charol que siempre me torturaron los pies. Los tres nos instalábamos en el salón, mi tía y yo en el sofá y la desconocida en el sillón del frente. La visita duraba una media hora, el silencio era letal, la silenciosa mujer me miraba de reojo con ternura, la Tía Olga, celosamente, escrutaba en mi rostro el signo de alguna emoción, de algún sentimiento o atracción por aquella desconocida, que no era otra persona que mi madre. Nací en un lupanar. Soy el fruto de un placer prohibido vivido en los vahos azabaches de la aurora. A pesar del glacial ambiente, sentía en lo más profundo el amor materno que despertaba en mí su presencia. Apenas ella se iba, todo regresaba al mismo tedio, a la misma tristeza de antes. Sus regalos fueron siempre los mejores, en una de las cajas pude leer que venían de Panamá, lo que me hizo pensar que ella vivía en ese país. Si continúo a caminar en la misma dirección, un día llegaré a Urabá y allí tomaré un barco para ir a su encuentro. Esto me decía saltando los charcos y los troncos dejados en la playa por la tormenta. Aunque el calor y la sed me atolondren, iré hasta el final de mi epopeya.

Dejé la playa y crucé un barranco, el agua turbia de la embocadura de un caño me subía hasta las rodillas mojándome el pantalón, los zapatos, que los llevaba colgados del hombro, en un descuido se me cayeron y al agacharme para recogerlos, en un bajío, cuál sería mi sorpresa al encontrarme, cara a cara, con una fluorescente y enroscada serpiente azul. Al principio pensé que aquello era el efecto de un espejismo o de una alucinación debida al calor y a la marihuana, pero poco a poco me fui acostumbrando a la idea que lo que allí estaba viendo era una deidad marina, la cual me hipnotizaba. Nos quedamos mirándonos un buen rato, ella ya desenroscada ondulante y parada sobre la cola, yo temblando como una hoja, tieso y sin saber qué hacer. Ya en confianza, atraído como una aguja por un imán, se me fue quitando el miedo y me le fui acercando, yo que era tan gallina… Luego de una caricia, la agarre por la cabeza y la cola y la metí en mi mochila, ella, muy mansa, se dejó coger. Es así que desde entonces, siempre la llevo conmigo escondida en mi consciencia. Así se resume el encuentro con Ola, la deidad azul.

Este encuentro inesperado fue algo esencial, un hecho que cambio mi vida; entre ella y yo se estableció una complicidad, una adoración mutua. Su presencia a mi lado me da siempre la impresión de gozar de una doble vida: la una salvaje y animal, la otra civilizada y racional. Cómplice de todos mis deseos, ella me enseñó a ser chamán, a escurrirme silencioso entre los odios y celos, a tener dignidad, a silbar melodías fascinantes y también el arte de bailar. Dones que me dio la naturaleza y que sin ella, hubieran permanecido escondidos en lo más recóndito de mí ser.

Playa Blanca, Julio del 76.

UN MONTÓN DE GENTE

Durante el verano no me gusta ir al mar. Es triste decir esto, pero es la pura verdad. En dicha estación sofocante, sólo me siento plácido guarecido bajo la frescura de un árbol frondoso, aletargado en los dulces brazos de su sombra.

Nací en una región muy tórrida donde el resplandor es tan tremendo, que a cada ser viviente, a la hora del fuerte calor, su único antojo posible es buscar refugio en un rincón sombrío, bajo un mango tupido o bajo los techos de palma de los ranchos, entre dos horcones, arrullado en los senos de una confortable y acogedora hamaca.

Desde mi más tierna infancia, las expediciones al mar han sido signo de un verdadero calvario. Tocaba salir muy temprano para evitar la sofocación de un largo viaje en carro, por un camino polvoriento lleno de piedras y huecos. Pero la salida tan anunciada nunca se hacía a la hora prevista. Ninguno de nosotros, en la familia, nunca supo el por qué. El viaje comenzaba siempre cuando la tarde caía, llegábamos entonces de noche, mohosos del polvo, molidos, con la triste sensación de haber perdido el primer día de mar. El domingo, día del regreso, me despertaba muy temprano, y cuando digo que me despertaba es una manera de hablar, pues en realidad nadie, pero nadie, había logrado pegar el ojo esa noche. El salitre y el bochorno al interior de aquella casa hecha de bloques grises con techo de zinc era tal, que uno se sentía zambullido en un mondongo hirviente.

Detrás de la casucha se extendía el reino del manglar: su olor nauseabundo, sus mangles gigantescos con raíces de medusa, sus aguas pútridas repletas de mosquitos, reptiles, cangrejos, serpientes, arañas peludas, sapos con cuernos, ranas venenosas y tantas otras especies que constituían, según el cura del catecismo, el bestiario lujurioso del infierno.

Desde ese entonces me he vuelto alérgico al moho, y esta fobia con los años no ha hecho otra cosa que empeorar. Con la vejez uno se va volviendo quejumbroso. La fuerza se nos esfuma y la libido nos abandona. Apenas hace calor uno se asfixia y la mínima brisa nos resfría.

Soy, en efecto, un ser oscuro, una criatura más bien de la sombra. Observar todo ese montón de cuerpos lacios y obscenos, expuestos medio desnudos sobre la arena, bajo el sol que los desuella y que los quema, me exaspera. Con sólo pensarlo la piel me rasca, se me eriza. Aborrezco la arena que pica, los perfumes baratos de las cremas para broncearse que mezclados con la brisa vuelven el aire irrespirable. A todo esto se añade el bullicio de una banda de moluscos urticantes y a la moda, hablando muy alto, el balón enredado entre las patas creyéndose igual al nuevo dios tectónico Zidane, famoso por su temible golpe de cabeza. ¡Ay pero qué cosa más fea! Esta maldita playa se ha vuelto invivible. Los cangrejos tenistas me repugnan. Hay que anudarles las bocas para que se callen. Los más púdicos se esconden bajo las sombrillas, y aunque sean discretos, dejan sentir algo que da asco.

¡Oh Poseidón, dios primordial, dios de lo húmedo y de la ondulación, de las olas y de los truenos, con tu trinche, disgrega esta horda de monstruos que rebosan!

El mar, yo lo prefiero en invierno, me fascinan los días fríos, lluviosos, cuando de madrugada voy por las dunas meditativo y con tanto éxtasis contemplo el gris del cielo y su inmenso manto de nubes altas y bajas. Adoro también las enormes olas que me salpican la cara cuando se rompen contra el arrecife, las gaviotas hambrientas en su ballet macabro, antes de zambullirse en el agua helada para encontrar bocado. Estos son placeres sanos que alimentan mi espíritu y me conducen a amar la creación, su espuma turbia donde uno puede, humildemente, pescar las palabras para escribir poemas.

Baudelaire, en uno de sus notorios poemas en prosa, el ojo burlón, escribió: "¡Cuánta extravagancia se puede encontrar en una gran ciudad, cuando sabe uno pasearse y mirar! La vida está llena de monstruos inocentes." Estas palabras del poeta maldito todavía son de actualidad, sólo que para pistar hoy en día tales monstruos, no hay necesidad de bajar hasta los abismos de los océanos, ni tampoco ir a buscarlos en los bajos fondos de las ciudades. Suficiente es pasearse por una playa en el verano. Ahí los encuentras todos amontonados y chamuscados bajo el sol ardiente, un montón de gente, los unos contra los otros, consumiendo, atiborrados de porquerías que pérfidamente les proponen los parásitos que se enriquecen con el turismo de masa. Un espectáculo tétrico salido directamente de un gabinete de curiosidades. En cuanto a la inocencia, ¡bendita sea! Ya evaporada, sólo queda de ella sobre la arena, los chicles, las botellas de cerveza y las porquerías.

Como testimonio de esos veranos ardientes pasados sobre varias playas de Francia y de otros países del Mediterráneo, mi lápiz riendo también, atolondrado por el calor, cual una flecha, muy veloz y discreto ejecutó algunos bocetos. Imágenes dignas de un teatro grotesco, que al dibujarlas, me permitieron superar mi fobia, soñar que tal vez un día, podré por fin sentir en mi piel, la dicha que es bañarse en el mar plácidamente, bajo el sol túrgido del verano.

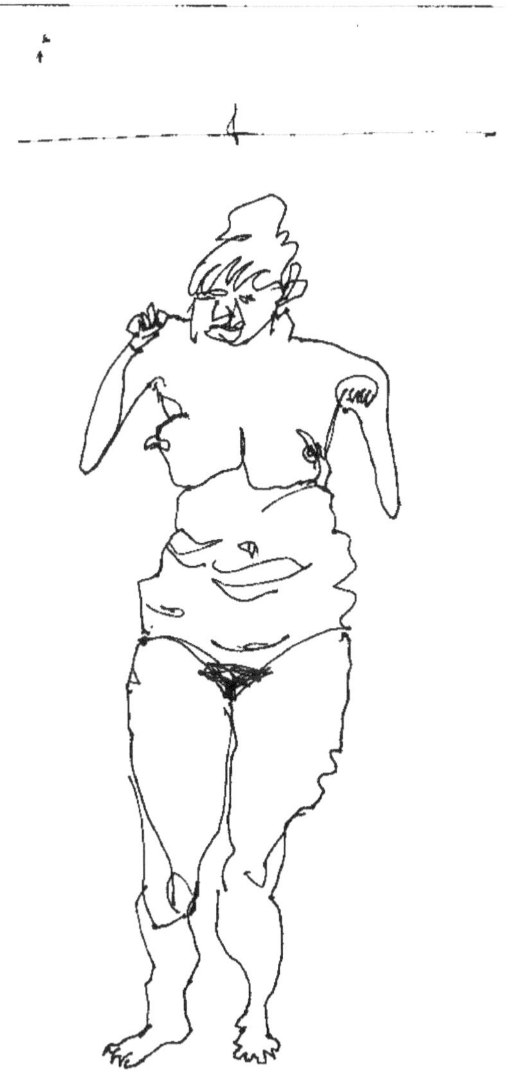

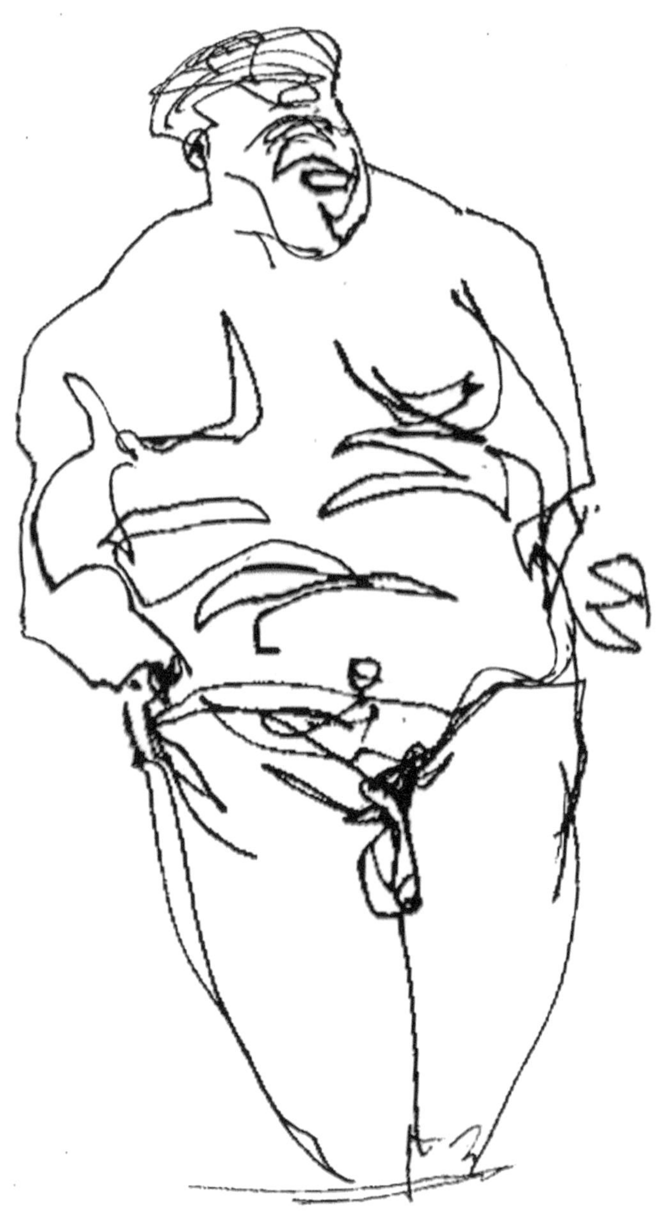

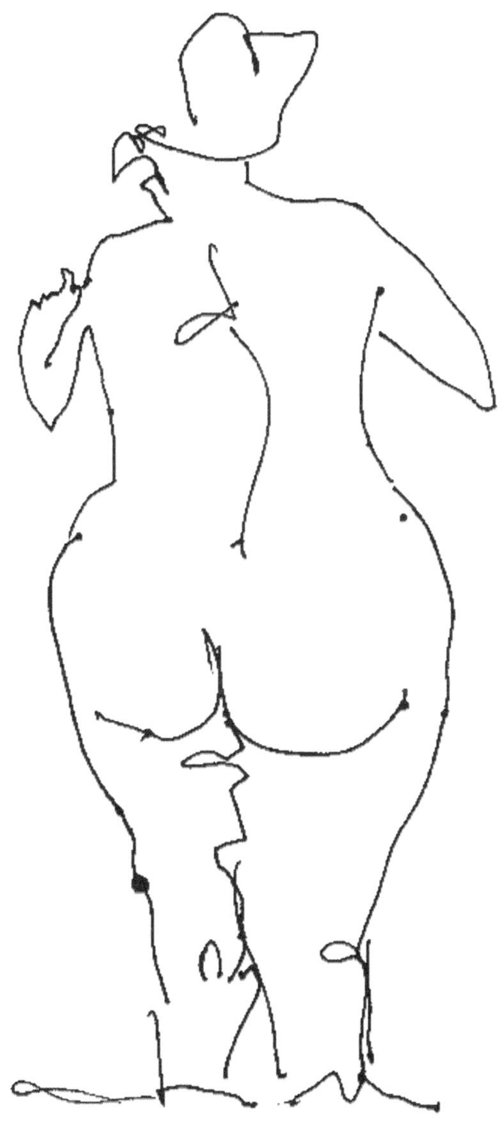

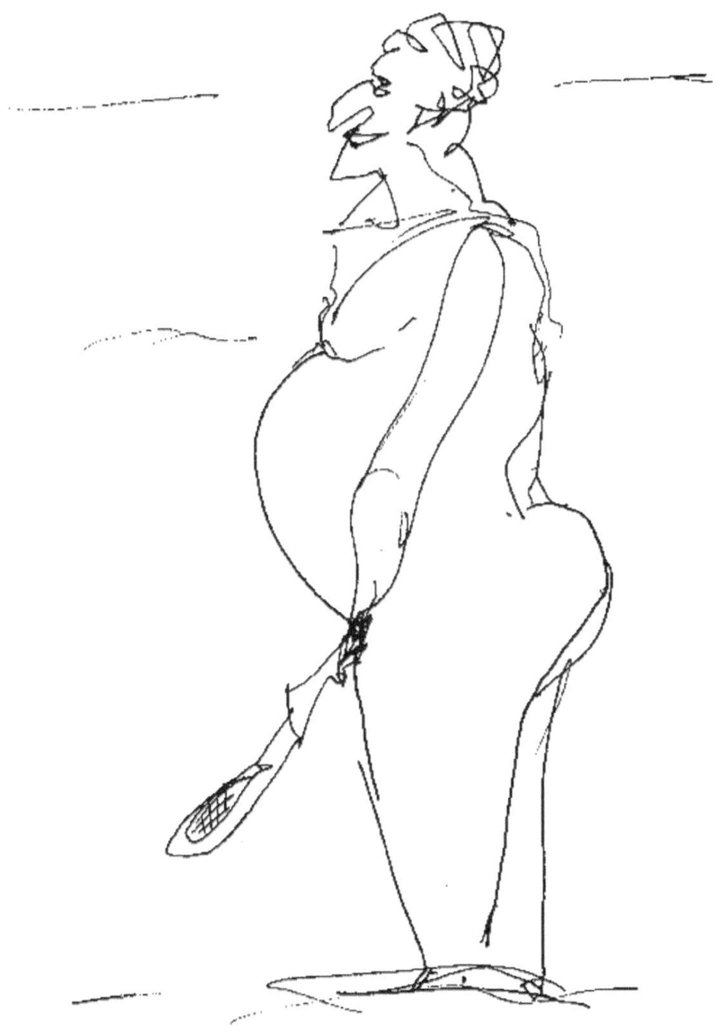

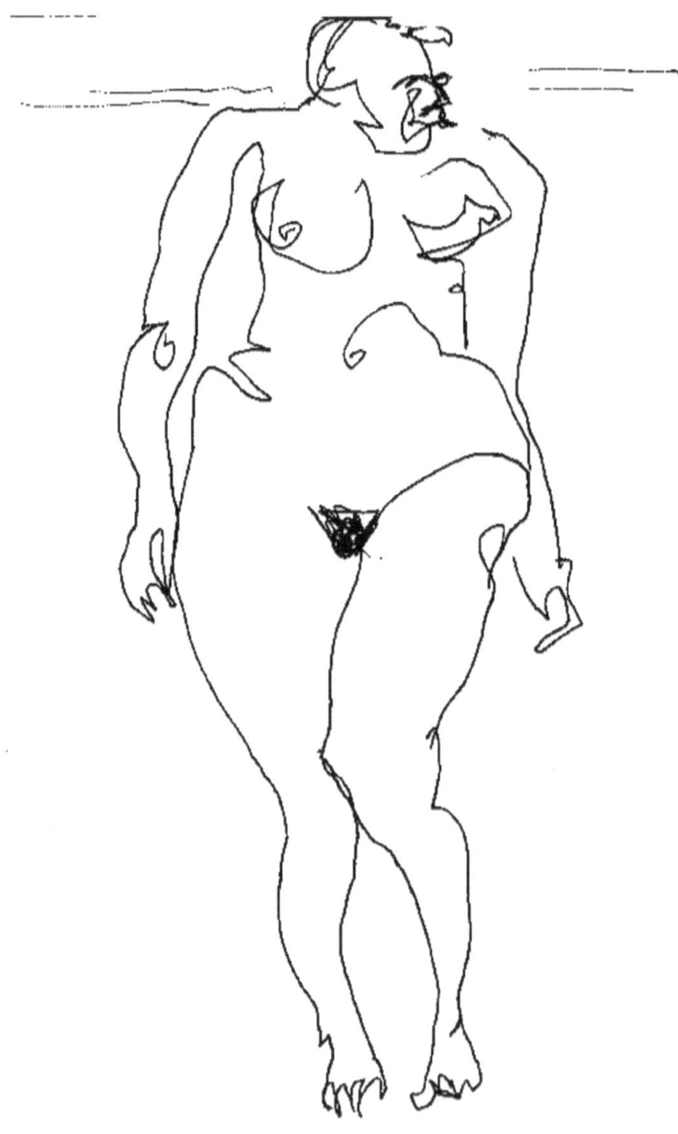

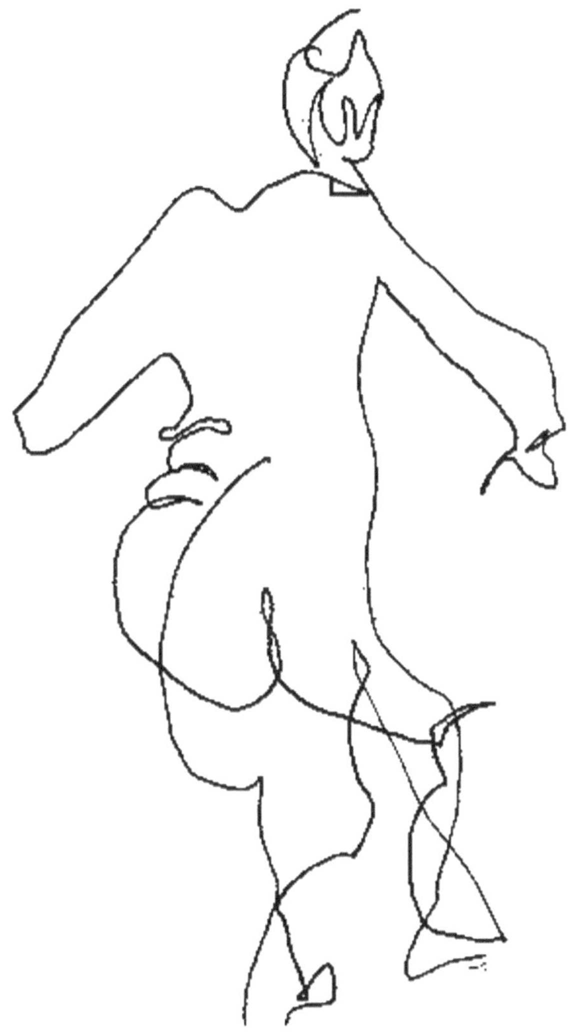

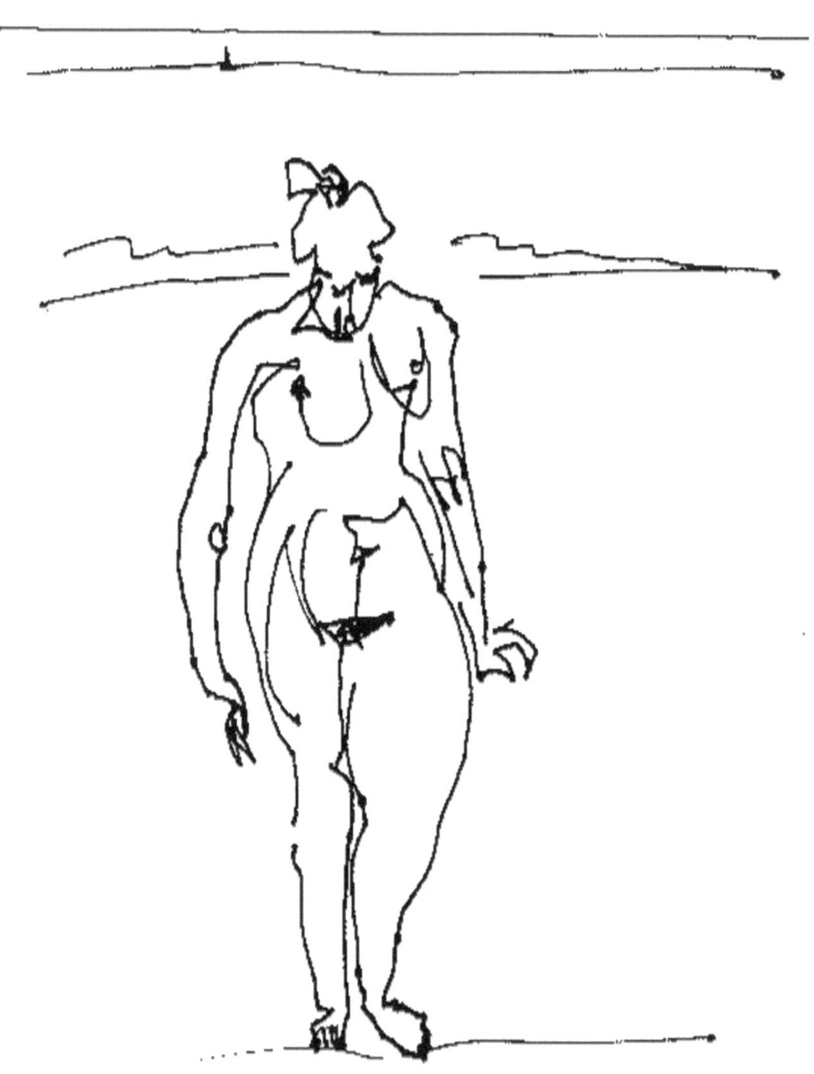

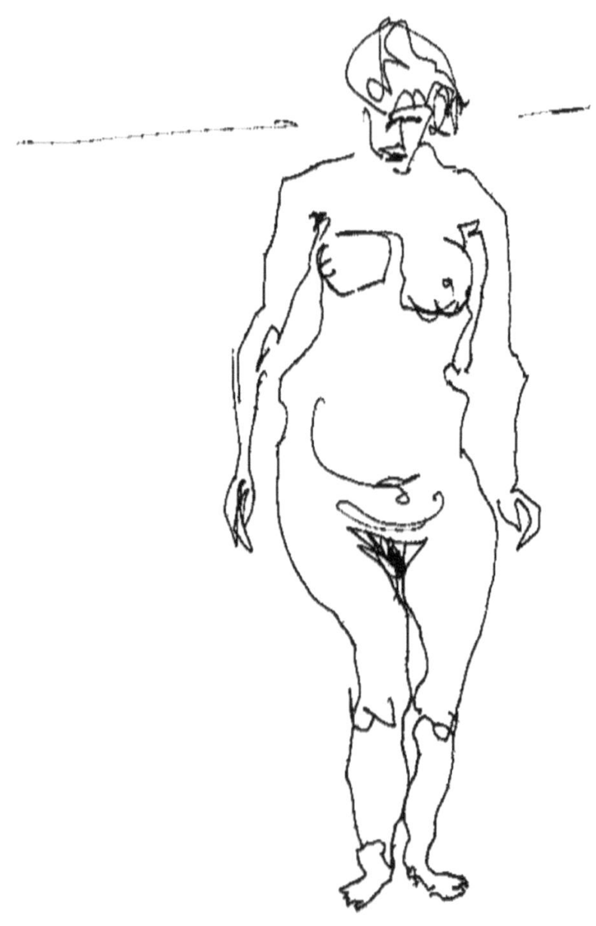

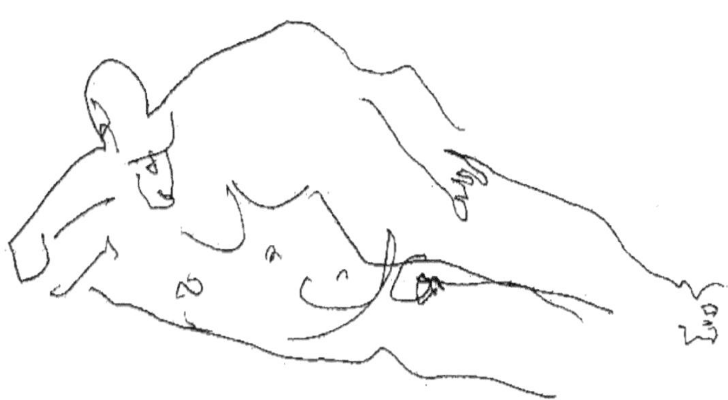

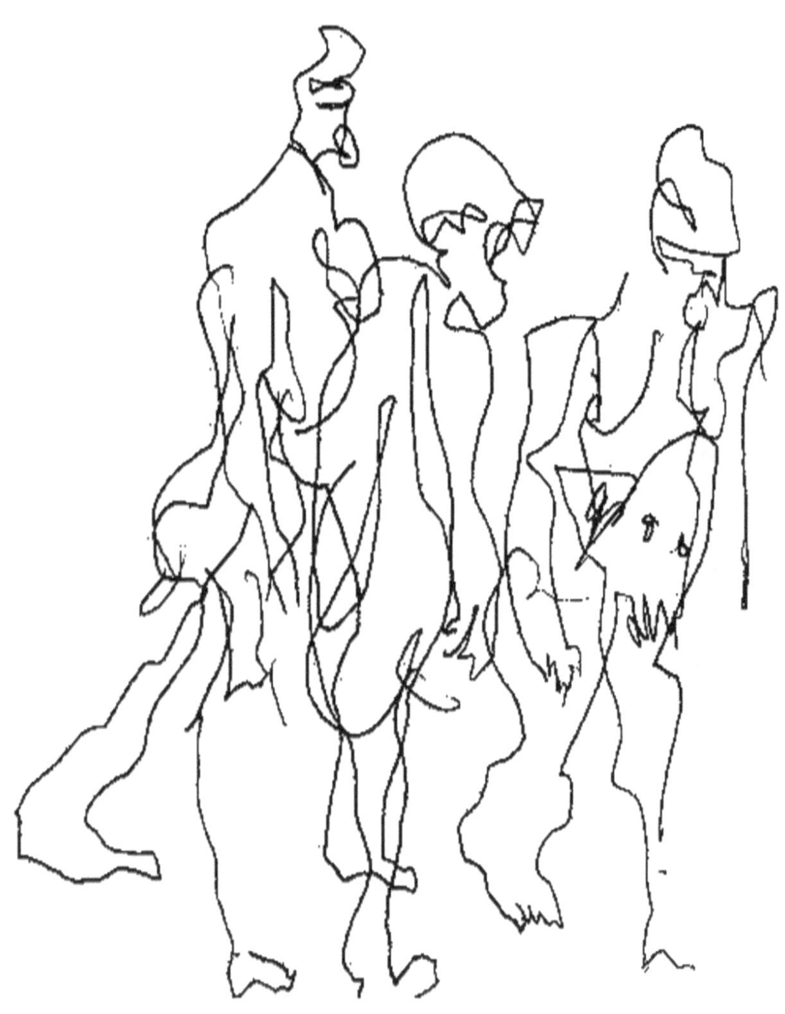

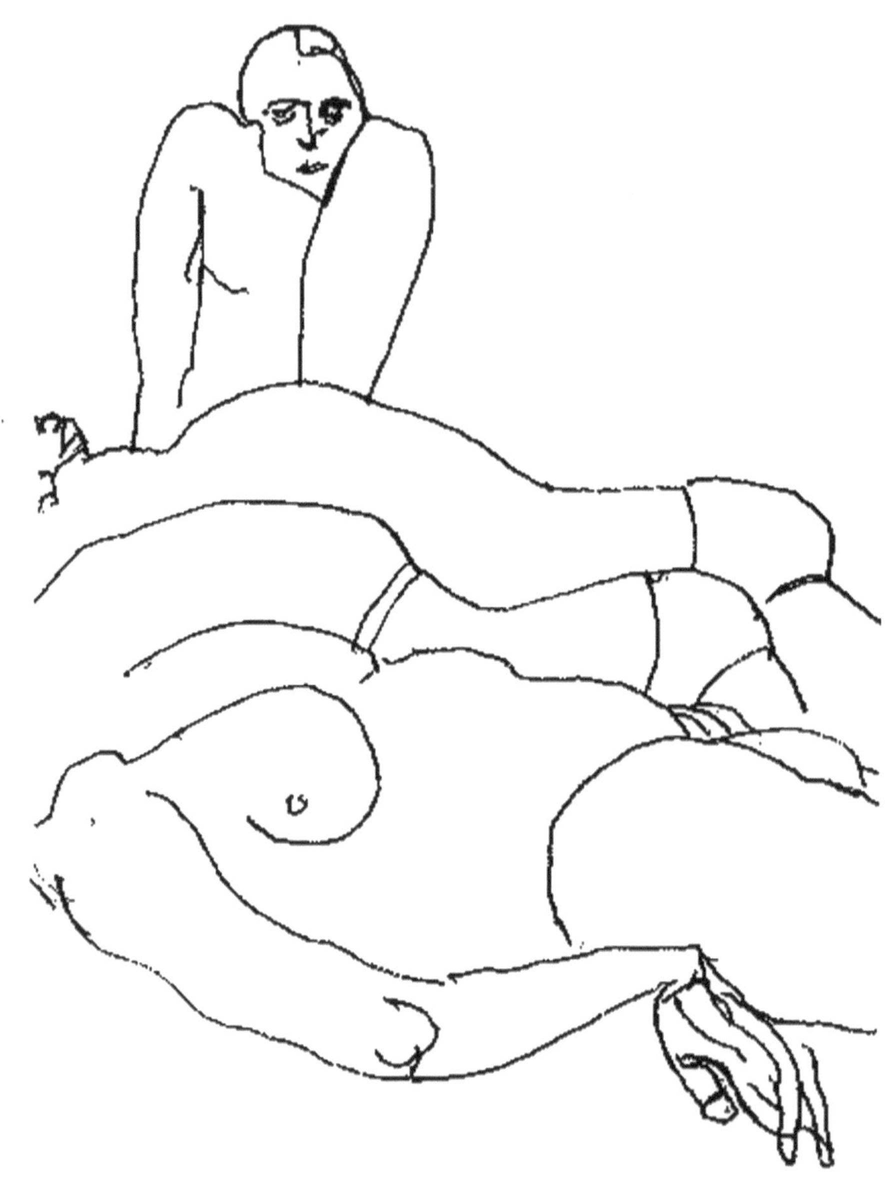

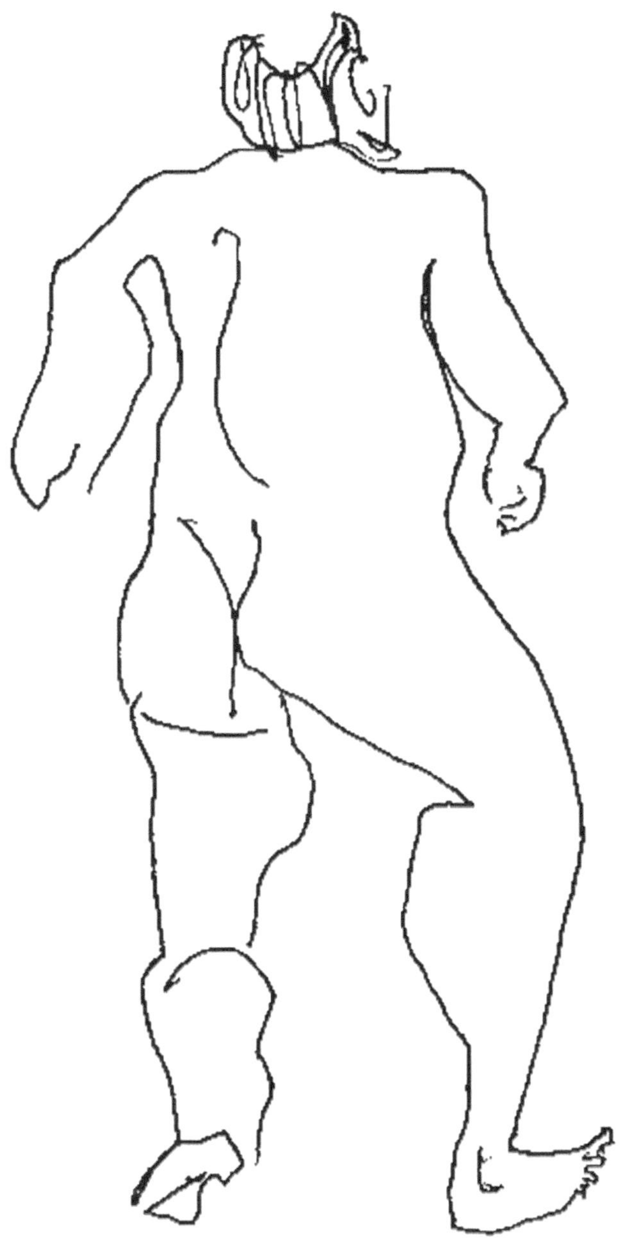

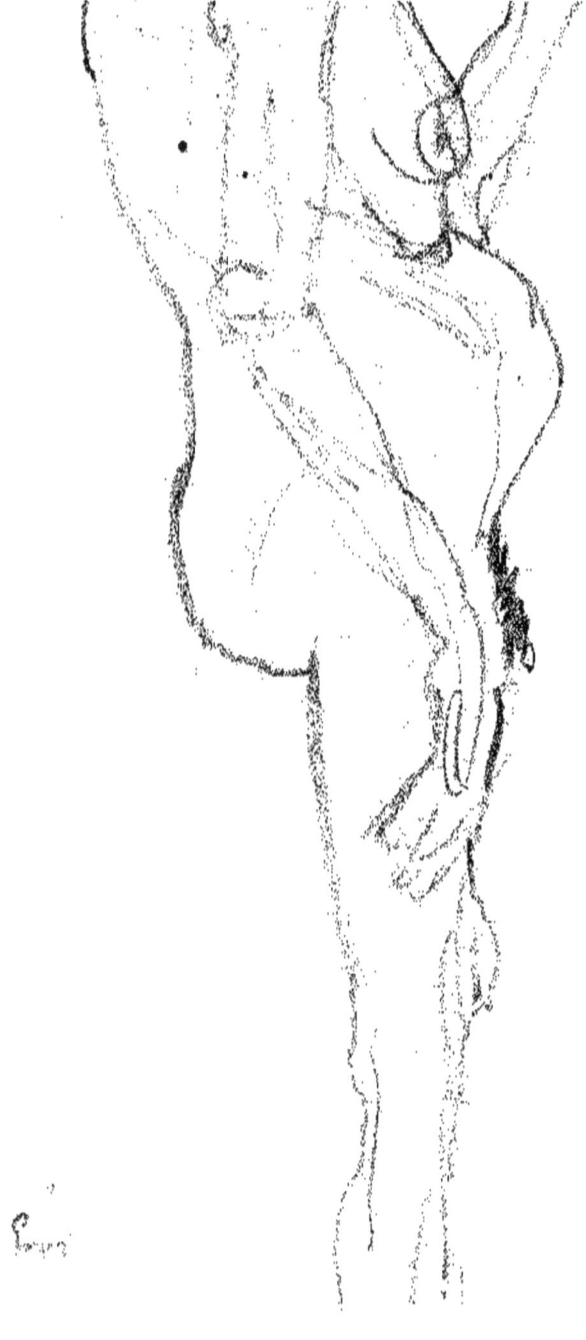

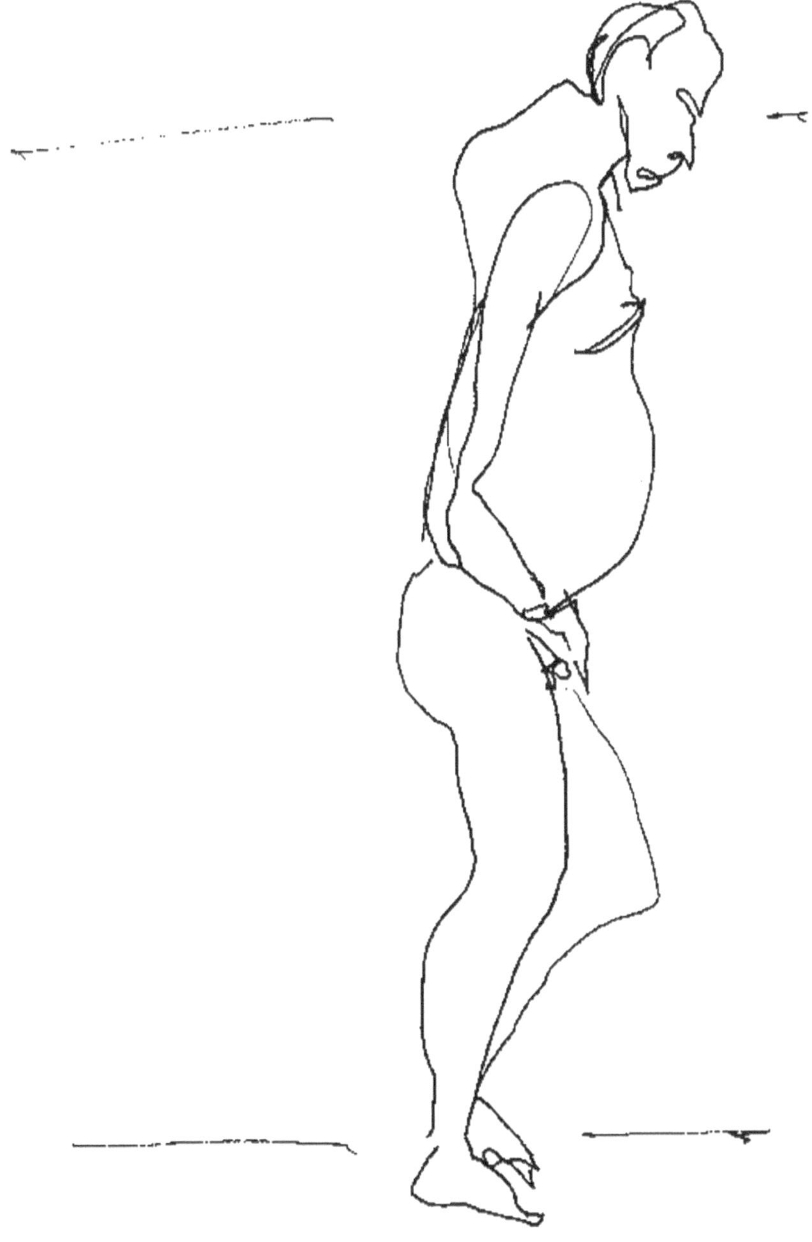

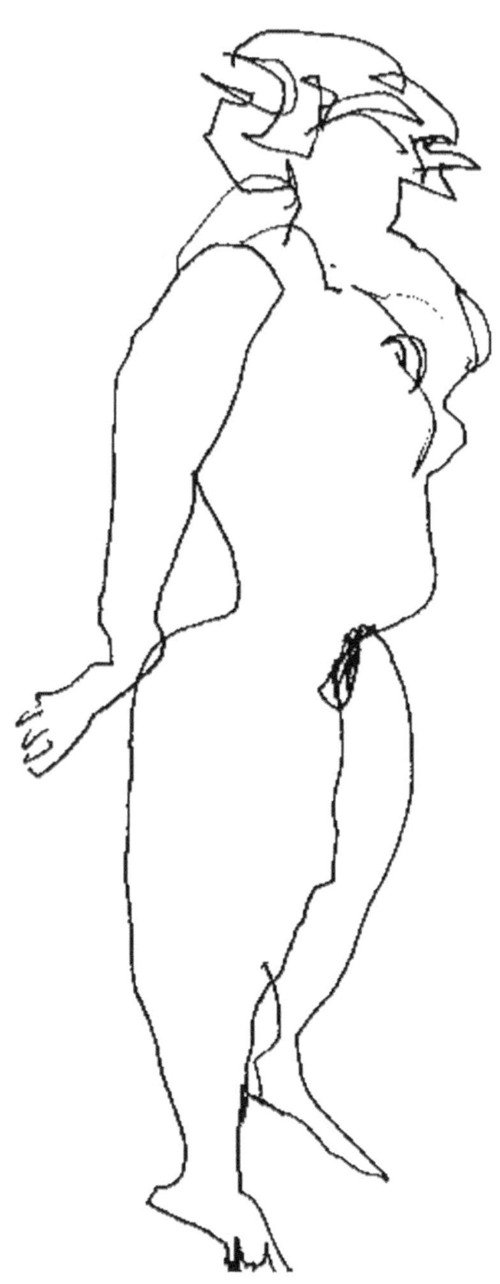

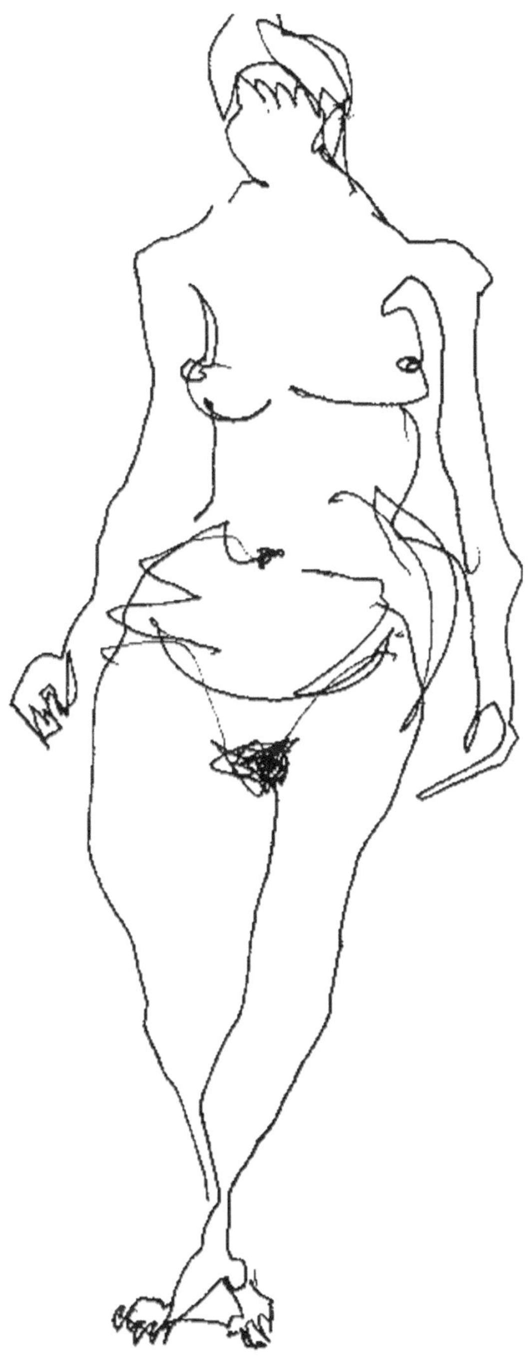

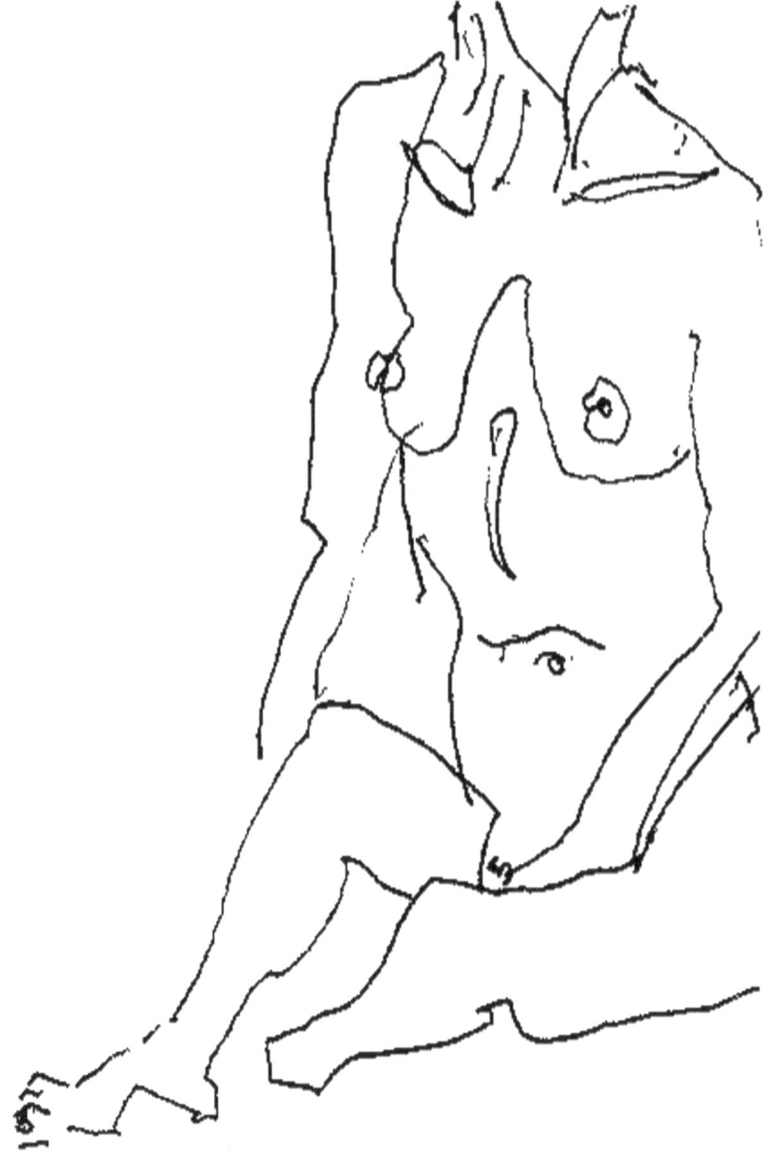

NOTA ÚLTIMA

La presente antología del agua que reúne once textos, siete en versos, cuatro en prosa, anula o invalida las anteriores publicaciones, las grabaciones, las traducciones de dichos textos, que antes de esta fecha, 24 de Enero del 2015, circularon impresos sobre papel o digitalmente por internet.

Las únicas que continúa vigente son: La versión de « Sable » publicada en francés por la casa editorial Fata Morgana con pinturas originales de Jean Leccia, a pesar de las ligeras modificaciones hechas al texto español.

Próximamente haré dichas correcciones a los textos franceses correspondientes a las traducciones.

En cuanto a la versión italiana, traducción de Giuseppe Napolitano, continúa también vigente a pesar también de los recientes cambios hechos a dicho texto en su versión española.

Los textos en español aquí propuestos son los definitivos y aptos para editar.

Montpellier, Francia, Enero 24 del 2015.

Enán Burgos

Libros de Enán Burgos publicados por Pleamar Ediciones

y disponibles en Amazon :

Del crepúsculo con toda suerte de pájaros. (Español – poesía).

5 notas para un acordeón (Español – poesía).

Athaix toix pixel o el libro de los mensajes. (Español – poesía).

Je n'est plus un autre. (Francés – poesía).

Au kilomètre 0. (Francés – poesía).

Déjà vu. (Francés – teatro).

Froid ou pas froid? (Francés – teatro).

La femme escabeau. (Francés – teatro).

Otros editores :

Nudité / Desnudez. Editorial Fata Morgana. (Poesía bilingüe francés – español).

Sable. Editorial Fata Morgana. (Francés – poesía).

Mala sangre. Editorial Color Gang. (Poesía bilingüe francés – español).

Poésie libertine de chaussures. Editorial Color Gang. (Francés – poesía).

A l'aube du sacré. Editorial L'Harmattan. (Francés – poesía).

La satira del pomodoro. Editorial La stanza del poeta. (Sátira, bilingüe italiano - español).

La ira del sol. Editorial Domens. (Poesía bilingüe francés – español).

Próximas publicaciones de Enán Burgos:

En casa del susurro.

Chichones en niño.

Cuadernos del Louvre

"Antología del agua"

La presente edición papel

vio la luz el 24 de Enero de 2015

día nevado.

http://pleamareditorial.free.fr

http://enanburgos.free.fr

.